colección PENSAMIENTOS...

herramientas matemáticas

para la arquitectura y el diseño

vera w. de spinadel
hernán s. nottoli

EDICIONES FADU

nobuko

Spinadel, Vera W. de
  Herramientas matemáticas: para la arquitectura y el diseño / Vera W. de Spinadel y
  Hernán Santiago Nottoli. - 1a ed. - Buenos Aires: Nobuko, 2008.
  154 p.: il.; 24×17 cm. (Pensamientos)

  ISBN 978-987-584-156-7

  1. Arquitectura. I. Nottoli, Hernán Santiago II. Título
  CDD 720

Facultad de Arquitectura, Diseño y Urbanismo

Colección Pensamientos

Ediciones FADU
Secretaría de Extensión Universitaria
Secretaria de SEU: Beatriz Pedro
Subsecretario de Medios y Comunicación: Javier Basile
Directora de Publicaciones: Paula Siganevich
Asistentes de Publicaciones: Noelia Movilla / María Eugenia Jaime / Carlos Copa
Diseño Colección Pensamientos: Paula Salzman
Diseño Gráfico: Paula Salzman / Paula Martín
Armado: Karina Di Pace

Índice

Prólogo

Mientras que la matemática trabaja con espacios y conceptos abstractos, el diseño opera sobre espacios concretos, los que habita el hombre con sus objetos cotidianos.

Este libro aborda los puntos de contacto entre estos dos campos: desarrolla contenidos de la disciplina matemática aplicándolos a temas directamente vinculados al quehacer de arquitectos y diseñadores. El eclecticismo del conjunto responde al recorte elegido, y a la intención de enfatizar los vínculos con la práctica profesional.

El libro se inicia con un capítulo dedicado a la geometría de las formas. Los dos siguientes ("Grafos" y "Teoría de la simetría") permiten conocer qué pautas básicas han regulado históricamente los cánones de belleza o las proporciones de los objetos diseñados. El capítulo 4, "Aplicaciones de derivadas e integrales", ofrece herramientas de cálculo básicas para analizar el comportamiento de las estructuras. El 5 y el 6, "Teoría de la probabilidad" y "Estadística", brindan nociones de indiscutible utilidad en el proceso de desarrollo de una obra o producto. El capítulo 7, finalmente, aborda el estudio de la topografía e incluye información sobre dispositivos de medición, planimetría y altimetría.

Confiamos en que este libro resultará de interés para sus destinatarios específicos, los estudiantes de arquitectura y diseño, y esperamos que pueda proveerles herramientas valiosas para su futuro desempeño profesional.

01. Geometría de las formas

¿Qué habremos de pensar de la pregunta: "¿Es verdadera la geometría euclidiana?"?
Carece de sentido. Lo mismo haríamos al preguntar si son verdaderas las coordenadas
cartesianas y falsas las polares.
Una geometría no puede ser más verdadera que otra; sólo más conveniente.
HENRI POINCARÉ (1854 - 1912)

Sistema de coordenadas cartesianas

Coordinar significa poner en orden metódicamente. En consecuencia, si se desea
ordenar un espacio determinado, será necesario establecer dónde se encuentra
cada uno de los puntos de ese espacio. Estos puntos, cuya posición exacta se
determina, constituyen los entes geométricos elementales a partir de los cuales
se genera el resto de la geometría en sus formas más complejas.

Para "poner en orden metódicamente" se crearon los *sistemas coordenados* o *de
coordenadas*, en los que puntos, ejes o planos son elementos fijos que sirven de
referencia al resto del espacio que le es afín; este mecanismo puede aplicarse a
espacios uni-dimensionales (líneas), bidimensionales (superficies) o tridimensionales (volúmenes).

El más sencillo de estos sistemas es la llamada *recta numérica*, en la que se
representa el conjunto de los números reales[1] ($\Re$) a partir de un origen y con
una determinada escala, vinculando segmentos con magnitudes numéricas.

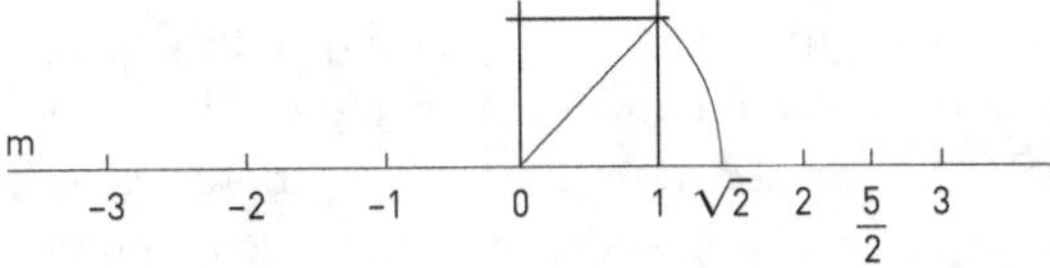

En la recta *m*, el origen es el punto 0, y el segmento que tiene por extremos el origen y el punto 1 será
nuestra unidad. Se han incluido en el gráfico las representaciones de algunos números naturales
N = {1, 2, 3, ...}; enteros Z = {...,–3, –2, –1, 0, 1, 2, ...}; racionales Q = {..., $\frac{5}{2}$, ...}; e irracionales {...,$\sqrt{2}$, ...},
todos ellos subconjuntos de $\Re$.

Se establece así una correspondencia entre los puntos de *m* y los números reales,
donde definimos la longitud de cualquier segmento en *m* como la distancia entre

---

[1]   El conjunto de los números reales R es el conjunto de todos los números racionales e irracionales.

los números asociados con los puntos que determinan el segmento. Para dos puntos cualesquiera P_1 y P_2 ubicados en la recta numérica o eje real, su distancia dirigida será un número cuya magnitud es igual a la longitud del segmento P_1 P_2 y cuyo signo es positivo o negativo según su dirección coincida o no con la dirección asignada al eje. Según la convención habitual, los positivos se representan a la derecha del origen y los negativos, a su izquierda.

Trasladando al plano el mecanismo utilizado para la recta numérica, René Descartes (1596 - 1650), matemático y filósofo, ideó un sistema compuesto por dos rectas perpendiculares, cuyo origen se encuentra en su punto de intersección. Como en el sistema anterior, sobre cada una de las rectas se elige una escala en forma arbitraria; si el caso lo requiere, el segmento unidad puede ser diferente en cada eje. Estos ejes pueden rotarse en el plano, adoptando distintas posiciones. Por convención, uno de ellos será horizontal –abscisas o eje de las x– y el otro vertical –ordenadas o eje de las y–. En honor de su creador, este sistema se conoce hoy como *coordenadas cartesianas.*

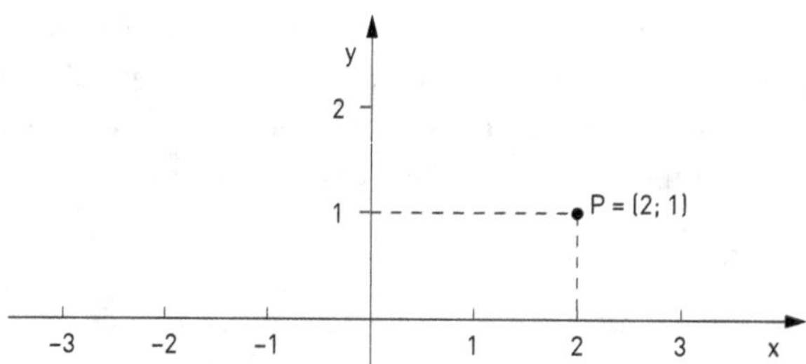

Sistema de coordenadas cartesianas

Las proyecciones de un punto cualquiera P (es decir, las perpendiculares a los ejes de coordenadas trazadas por dicho punto) determinan dos valores que son las distancias al origen. Estos valores constituyen, a su vez, un par ordenado (x; y) –primero la abscisa y luego la ordenada– y determinan un y solo un punto del plano –en este caso, P– que contiene los ejes de referencia.

Por convención, como se observa en el dibujo, se adoptan valores positivos a la derecha y arriba del origen, y negativos a la izquierda y abajo; pero, como toda convención, es modificable. En gráficos donde se representan fuerzas equivalentes o cargas estáticas, debido a la dirección natural de estos esfuerzos (hacia abajo), suelen invertirse los signos en el eje de ordenadas para no trabajar con valores negativos.

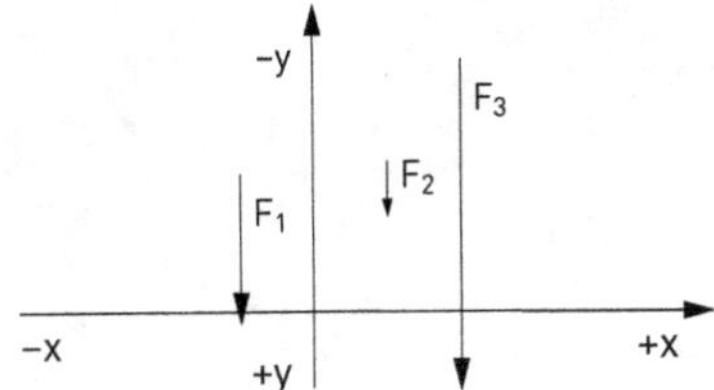

El gráfico cartesiano es adaptable a un espacio tridimensional, donde con el mismo criterio pueden fijarse tres ejes (x; y; z) que se corten perpendicularmente en un punto o, que es el origen de coordenadas. Pero aquí surge el primer inconveniente de orden práctico, que es el de trabajar habitualmente en una hoja de papel que sólo tiene dos dimensiones significativas (puesto que, en este caso, se desprecia su espesor). Esta dificultad es salvable recurriendo a la perspectiva (modo de representación conceptualizado especialmente a partir del Renacimiento) que permite representar la terna de ejes en el plano.[2]

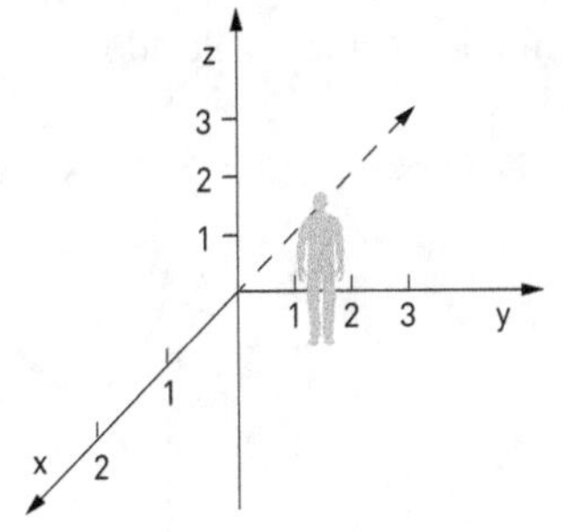

Terna derecha

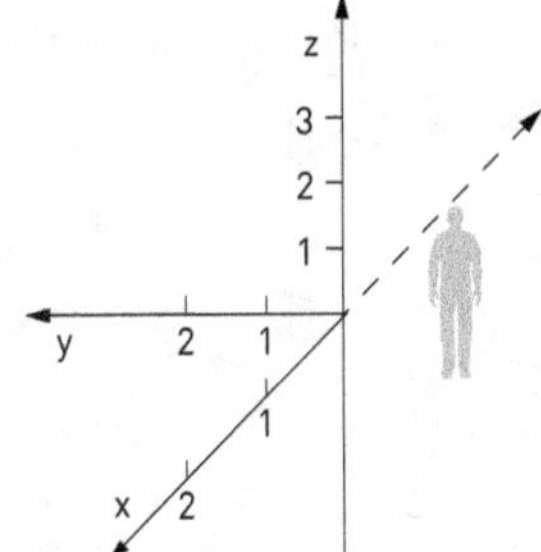

Terna izquierda

En estas figuras se han representado dos triedros que difieren en la posición relativa de sus ejes.

Si el eje que se ve en perspectiva emergiendo del plano del papel es positivo, y el eje que aparece a la derecha también es positivo, la terna se considera derecha. Si, por el contrario, dicho eje positivo aparece a la izquierda, la terna se considera izquierda. A lo largo de este libro, se adoptará la terna derecha para las distintas representaciones gráficas.

Cuando se representa cualquier elemento geométrico en un sistema de tres dimensiones es fundamental respetar el paralelismo de las proyecciones a cada eje coordenado, a fin de no incurrir en errores por distorsión del gráfico.

[2] Las escalas en cada uno de los ejes pueden ser tomadas también arbitrariamente, variando el valor unitario de un eje a otro y, en rigor, aun cuando se decidiera unificar dichas escalas, el eje en perspectiva debería igualmente indicar un valor unitario distinto de aquellos que están contenidos en el plano de la hoja.

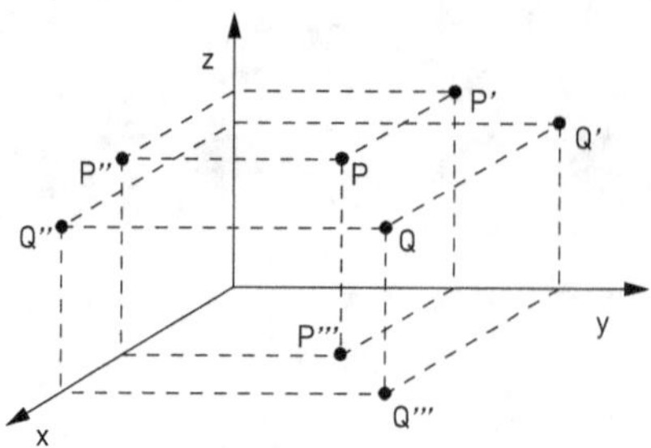

El ángulo que forma el eje en perspectiva con los ortogonales contenidos en el plano del papel es también arbitrario y debe elegirse tratando de obtener un gráfico claro.

Vectores

El lector está familiarizado con la recta como elemento geométrico. Si dada una recta cualquiera se fijan sobre ella dos puntos distintos, habrá quedado determinado entre dichos puntos un segmento. Si se considera uno de ellos como origen y el otro como extremo, es decir, que se establece un orden entre ellos, se obtiene un segmento orientado, que recibe el nombre de *vector*. Un vector está caracterizado por tres elementos que lo definen: la dirección, dada por la recta que lo contiene; el sentido, que fija el orden en que se han escogido los puntos extremos; y el módulo o medida, que es la longitud del segmento elegido.

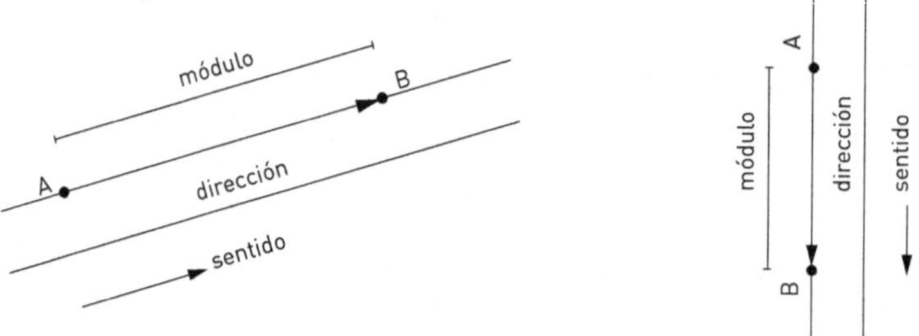

Existen distintas notaciones para indicar un vector. En este libro se adoptarán las siguientes: $\vec{a}$, o bien $\overrightarrow{AB}$, donde el primer valor es el origen y el segundo, el extremo. Se llama *módulo de a* (y se indica $|\overrightarrow{AB}| = |\vec{a}|$) al número real –considerado siempre positivo– que mide la longitud del vector $\vec{a}$ en una escala prefijada. Las magnitudes (por ejemplo, fuerzas, velocidades y aceleraciones) pueden representarse como vectores, lo que permite conocer la dirección, el sentido en el que actúan y su intensidad representada por el módulo. Estas magnitudes, además de muchas otras (como intensidades de corriente, cantidad de movimiento, atracción gravitatoria o inducción magnética) se denominan *magnitudes vectoriales*.[3]

[3] Junto con otro tipo de magnitudes, como las escalares (áreas, volúmenes, etc.) y las tensoriales (tensiones, momentos de inercia), constituyen la herramienta de apoyo que la matemática brinda a ciencias como la física y, especialmente, al cálculo estructural.

Para analizar los vectores en espacios euclídeos[4] bidimensionales ($\Re^2$) y tridimensionales ($\Re^3$), nos valdremos de las coordenadas cartesianas descritas con anterioridad. En un sistema cartesiano, la posición de un punto –ente geométrico elemental– puede representarse por sus coordenadas o por su vector posición. El vector posición tiene su origen en el centro de coordenadas, y su extremo en el punto considerado.

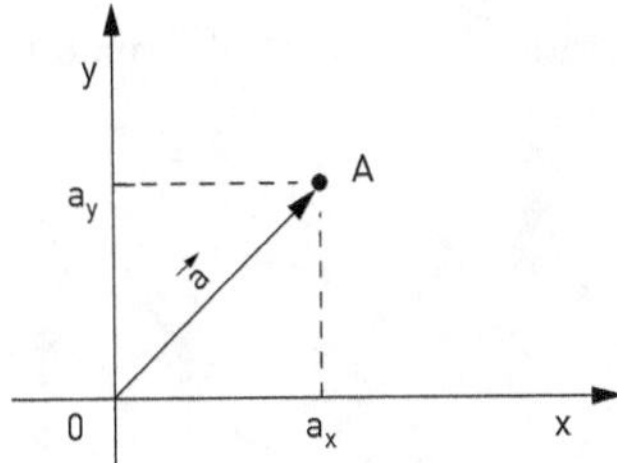

Si se proyecta el vector posición sobre los ejes, se obtienen las componentes del mismo. Estas componentes se designan de la siguiente manera:

$(a_x; a_y) \equiv (x; y)$ si el sistema es bidimensional

$(r_x; r_y; r_z) \equiv (x; y; z)$ si es tridimensional

Aunque, a partir de aquí trabajaremos en el espacio $\Re^3$, todas las definiciones tienen validez en el plano $\Re^2$.

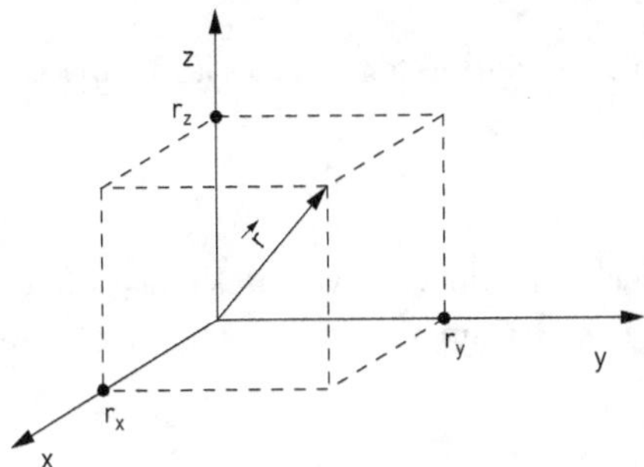

En $\Re^3$, la distancia entre los puntos $A = (a_x; a_y; a_z)$ y $B = (b_x; b_y; b_z)$ viene dada por la expresión:

$$d(A; B) = \left| \sqrt{(b_x - a_x)^2 + (b_y - a_y)^2 + (b_z - a_z)^2} \right|$$

[4] Euclides, geómetra griego (306-283 a.C.), formuló las bases de la geometría plana actual.

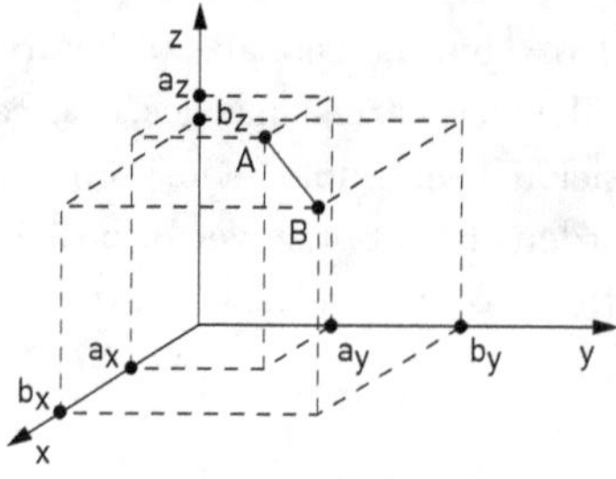

Se llaman *números de dirección* o números directores de la recta AB a cualquier terna (m; n; p) que verifique la siguiente expresión:

$$\frac{m}{b_x - a_x} = \frac{n}{b_y - a_y} = \frac{p}{b_z - a_z}$$

Sea un vector tridimensional $\vec{a} = (a_x;\ a_y;\ a_z)$, se define que:

1) El módulo de un vector está dado por el valor positivo que determina la longitud del segmento que representa geométricamente el vector.
$$|\vec{a}| = \sqrt{(a_x^{\,2} + a_y^{\,2} + a_z^{\,2})}$$

2) Dos vectores son iguales si sus componentes son iguales.
$$(a_x;\ a_y;\ a_z) = (b_x;\ b_y;\ b_z) \Leftrightarrow a_x = b_x;\ a_y = b_y;\ a_z = b_z$$

3) La suma de dos vectores es igual a la suma de sus componentes.
$$(a_x;\ a_y;\ a_z) + (b_x;\ b_y;\ b_z) = (a_x + b_x;\ a_y + b_y;\ a_z + b_z)$$

4) La multiplicación de un escalar (número) por un vector es igual a la multiplicación del escalar por cada componente.
$$k\,(a_x;\ a_y;\ a_z) = (ka_x;\ ka_y;\ ka_z)$$

Se denomina *versor* a todo vector de módulo uno. Los versores en las direcciones x; y; z se designan con $\check{i}$; $\check{j}$; $\check{k}$ respectivamente, y sus componentes son $\check{i} = (1;\ 0;\ 0)$; $\check{j} = (0;\ 1;\ 0)$; $\check{k} = (0;\ 0;\ 1)$.

Un vector $\vec{r} = (x;\ y;\ z)$ quedará expresado por $\vec{r} = x\,\check{i} + y\,\check{j} + z\,\check{k}$

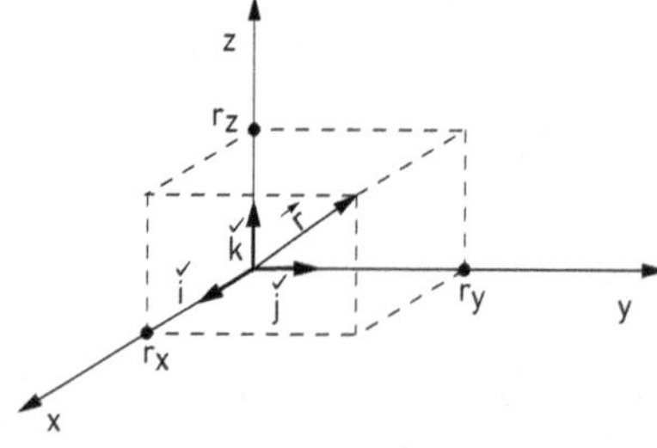

Ecuaciones de la recta

En el espacio tridimensional, la *ecuación vectorial* de una recta *r* que pasa por un punto A, representado por su vector posición $\vec{a} = (a_x;\, a_y;\, a_z)$, y tiene dirección *c*, es:

$$\vec{r} = \vec{a} + t\,\vec{c}$$

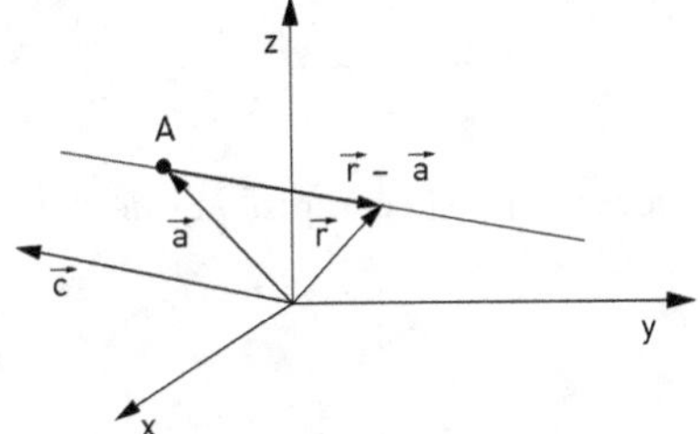

En esta figura se ejemplifica un punto de la recta tridimensional r.

Teniendo en cuenta los conceptos de igualdad entre vectores, la suma de vectores y el producto por un escalar, se obtienen las *ecuaciones paramétricas* de una recta.

$$x = a_x + tc_x$$
$$y = a_y + tc_y$$
$$z = a_z + tc_z$$

Por eliminación del parámetro t se obtienen las *ecuaciones simétricas* de una recta, donde $(c_x;\, c_y;\, c_z)$ es una terna de números directores, no todos simultáneamente nulos.

$$\frac{x - a_x}{c_x} = \frac{y - a_y}{c_y} = \frac{z - a_z}{c_z}$$

Si alguno de los números directores de la recta es nulo, la recta estará contenida en el plano determinado por las dos variables a las cuales no divide ese número. Sea por ejemplo $c_z = 0$, entonces:

$$\frac{x - a_x}{c_x} = \frac{y - a_y}{c_y} \; ; z = a_z$$

Cuando una terna de números directores cumple la condición $c_x^{\,2} + c_y^{\,2} + c_z^{\,2} = 1$ se los llama *cosenos directores* de la recta.

Dado un vector $\vec{a} = (a_x;\, a_y;\, a_z)$, sus cosenos directores resultan:

$$\cos \alpha = \frac{a_x}{|a|}; \cos \beta = \frac{a_y}{|a|}; \cos \gamma = \frac{a_z}{|a|}$$

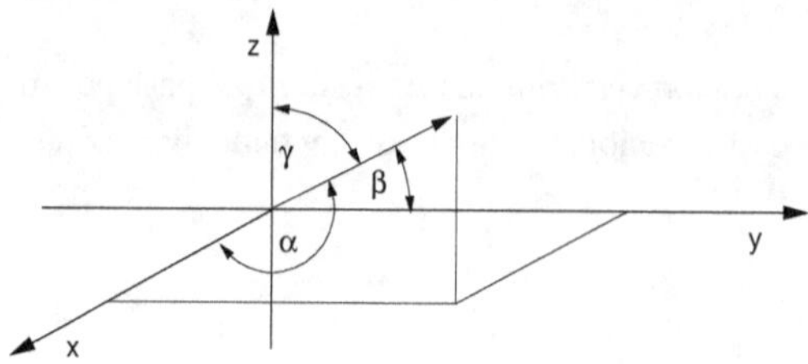

Teniendo en cuenta las expresiones[5] anteriores se puede comprobar que
$\cos^2\alpha + \cos^2\beta + \cos^2\gamma = 1$

Producto escalar

Sean los vectores $\vec{a} = (a_x;\ a_y;\ a_z)$ y $\vec{b} = (b_x;\ b_y;\ b_z)$. Se define el *producto escalar* $\vec{a} \cdot \vec{b}$ como $\vec{a} \cdot \vec{b} = |\vec{a}|\,|\vec{b}|\cos\theta$, donde θ es el ángulo formado por los vectores $\vec{a}$ y $\vec{b}$.

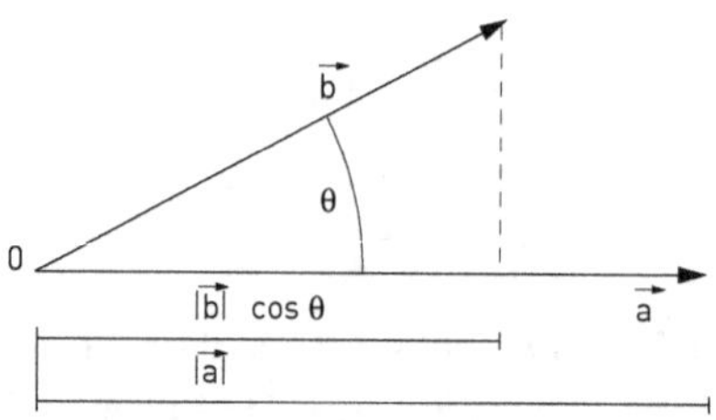

El resultado del producto escalar es un número que se interpreta como el producto de la longitud de uno de los vectores por la proyección del otro sobre él. En particular, para los versores se tiene:

$\check{i} \cdot \check{j} = \check{i} \cdot \check{k} = \check{j} \cdot \check{k} = 0$, ya que el $\cos 90° = 0$

Si se quiere hallar el producto escalar de un vector por sí mismo, resulta que:

$\vec{a} \cdot \vec{a} = |\vec{a}|\ |\vec{a}|\cos\theta = |\vec{a}|^2$ ya que $\cos 0° = 1$

Para los versores se tiene:

$\check{i} \cdot \check{i} = \check{j} \cdot \check{j} = \check{k} \cdot \check{k} = 1$

---

[5] Si se eleva al cuadrado cada expresión anterior y se suma miembro a miembro, $\cos^2\alpha + \cos^2\beta + \cos^2\gamma = \dfrac{a_x^2 + a_y^2 + a_z^2}{|a|^2}$, y por definición de módulo $|\vec{a}|^2 = (a_x^2 + a_y^2 + a_z^2)$. Por lo tanto, $\cos^2\alpha + \cos^2\beta + \cos^2\gamma = 1$.

El producto escalar cumple las siguientes propiedades:

1) Propiedad conmutativa: $\vec{a} \cdot \vec{b} = \vec{b} \cdot \vec{a}$

2) Propiedad distributiva: $\vec{a} \cdot (\vec{b} + \vec{c}) = \vec{a} \cdot \vec{b} + \vec{a} \cdot \vec{c}$

Aplicando estas propiedades, se puede establecer la manera de calcular el producto escalar de dos vectores en términos de sus componentes:[6]

$$\vec{a} \cdot \vec{b} = (a_x \, \check{i} + a_y \, \check{j} + a_z \, \check{k}) \cdot (b_x \, \check{i} + b_y \, \check{j} + b_z \, \check{k})$$

$$\vec{a} \cdot \vec{b} = a_x b_x + a_y b_y + a_z b_z$$

Ecuación del plano

Sea un plano π que pase por el punto P y sea normal a $\overline{OP} = \vec{p}$. Sea Q un punto genérico de π y $\overline{OQ} = \vec{r}$, siendo $\vec{r} = (x;\, y;\, z)$.

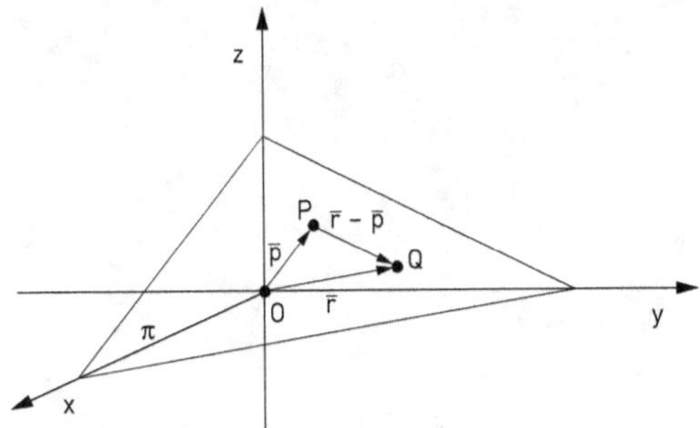

Como $Q \in \pi$, entonces $\overline{PQ} = (\vec{r} - \vec{p}) \in \pi \Rightarrow \vec{p} \perp (\vec{r} - \vec{p})$ condición que nos permite escribir

$$(\vec{r} - \vec{p}) \cdot \vec{p} = 0$$

Aplicando propiedad distributiva y ordenando, se tiene que:

$$\vec{r} \cdot \vec{p} - \vec{p} \cdot \vec{p} = 0 \Rightarrow \vec{r} \cdot \vec{p} = |\vec{p}|^2 \Rightarrow r \cdot \frac{\vec{p}}{|\vec{p}|} = |\vec{p}|$$

y así se llega a la forma normal de la *ecuación vectorial* del plano

$$\vec{r} \cdot \vec{u}_p = |\vec{p}|$$

[6] Se deberá considerar, además, la definición de producto escalar para los versores.

donde $\vec{u}_p = \dfrac{\vec{p}}{|\vec{p}|} = \cos\alpha\,\vec{i} + \cos\beta\,\vec{j} + \cos\gamma\,\vec{k}$

es el versor en la dirección de la normal $\vec{p}$ al plano π, y α; β; γ son sus ángulos directores.

Como $\vec{r} \cdot \vec{u}_p$ queda entonces expresado por $\vec{r} \cdot \vec{u}_p = x\cos\alpha + y\cos\beta + z\cos\gamma$, se llega a la *ecuación general* del plano π:

$A\,x + B\,y + C\,z + D = 0$

donde A, B, C son números directores de una normal al plano y respectivamente proporcionales a $\cos\alpha$, $\cos\beta$, $\cos\gamma$, $|\vec{p}|$.

Intersección de planos

Sea el plano $A\,x + B\,y + C\,z + D = 0$. Sus intersecciones con cada uno de los planos coordenados son las llamadas *trazas* del plano, y sus ecuaciones están dadas por la solución de los sistemas formados por la ecuación del plano y la ecuación de cada plano coordenado.

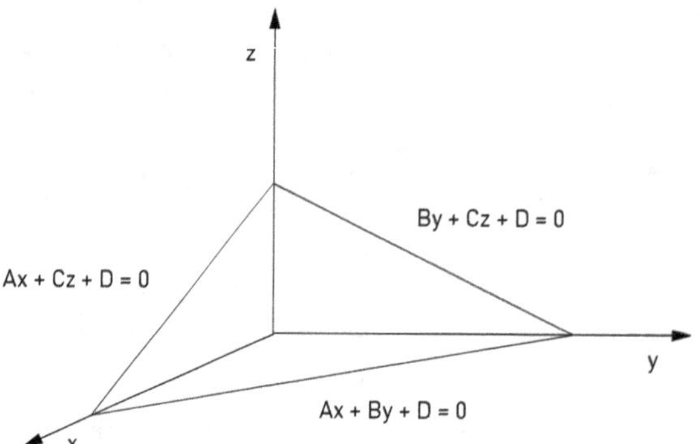

La traza sobre el plano (x, y) es $A\,x + B\,y + D = 0$; $z = 0$
La traza sobre el plano (x, z) es $A\,x + C\,z + D = 0$; $y = 0$
La traza sobre el plano (y, z) es $B\,y + C\,z + D = 0$; $x = 0$

La intersección de dos planos cualesquiera, si existe, es una recta cuyas ecuaciones se obtienen eliminando sucesivamente, por ejemplo, *x* e *y*, para obtener en cada caso, respectivamente, las funciones lineales que son las ecuaciones de los planos proyectantes de la intersección.

$x = mz + s$
$y = lz + r$

Con parámetro z se consideran obtenidas las tres ecuaciones de la intersección a través del sistema:

$x = mz + s$

$y = lz + r$

$z = z$

Posiciones relativas de rectas y planos

a) Paralelismo y perpendicularidad entre rectas

Dadas las rectas r_1 y r_2, por sus ecuaciones vectoriales, el ángulo que forman ambas rectas está dado por el ángulo de sus vectores dirección $\vec{v}$ y $\vec{w}$. Siendo

$$\vec{v} = (v_1; v_2; v_3) \text{ y } \vec{w} = (w_1; w_2; w_3).$$

$r_1: \vec{p} = \vec{a} + t\,\vec{v}$

$r_2: \vec{q} = \vec{b} + t\,\vec{w}$

La condición de paralelismo es

$$\vec{v} = \alpha\vec{w}$$

donde α es un número real cualquiera, es decir que los vectores asociados tienen componentes proporcionales.

La condición de perpendicularidad exige que los vectores asociados tengan producto escalar cero.

$$\frac{v_1}{w_1} = \frac{v_2}{w_2} = \frac{v_3}{w_3}$$

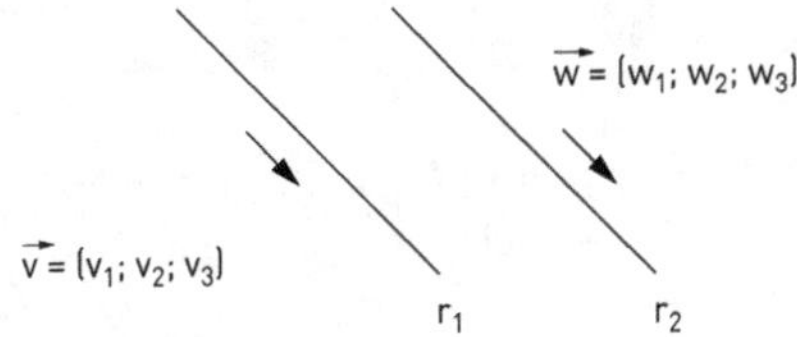

Rectas paralelas

$$\vec{v} \cdot \vec{w} = 0$$

$$v_1 w_1 + v_2 w_2 + v_3 w_3 = 0$$

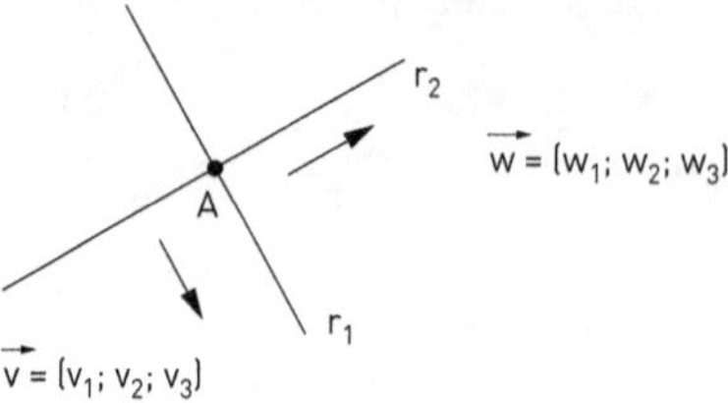

Rectas perpendiculares

b) Paralelismo y perpendicularidad entre planos

Siendo las ecuaciones generales de los planos

$$\pi_1: A_1x + B_1y + C_1z + D_1 = 0$$
$$\pi_2: A_2x + B_2y + C_2z + D_2 = 0$$

donde los coeficientes A, B, C son los números directores de una normal a cada plano y el ángulo que forman los planos es el ángulo que forman sus normales, las condiciones de paralelismo y perpendicularidad entre los planos estarán expresadas por las condiciones de paralelismo y perpendicularidad entre sus normales.

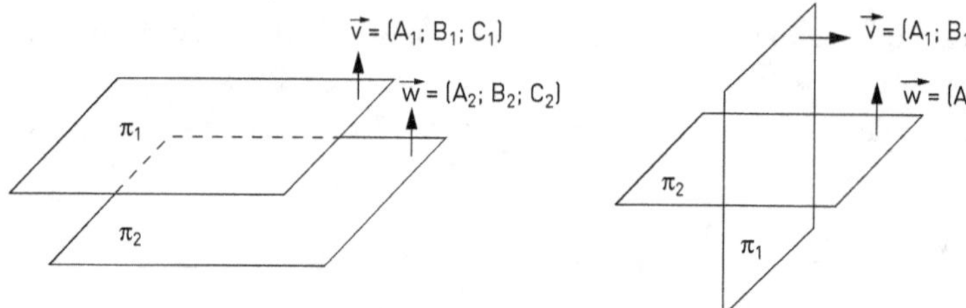

Planos paralelos

Planos perpendiculares

c) Paralelismo y perpendicularidad entre rectas y planos

Dados la recta r y el plano π, expresados por las ecuaciones

$$r: \vec{p} = \vec{a} + t\,\vec{v}; \ \vec{v} = (v_1; v_2; v_3)$$
$$\pi: Ax + By + Cz + D = 0$$

la condición de paralelismo entre la recta y el plano será la condición de perpendicularidad entre la recta y la normal al plano, esto es: los vectores asociados tienen producto escalar cero.

$$Av_1 + Bv_2 + Cv_3 = 0$$

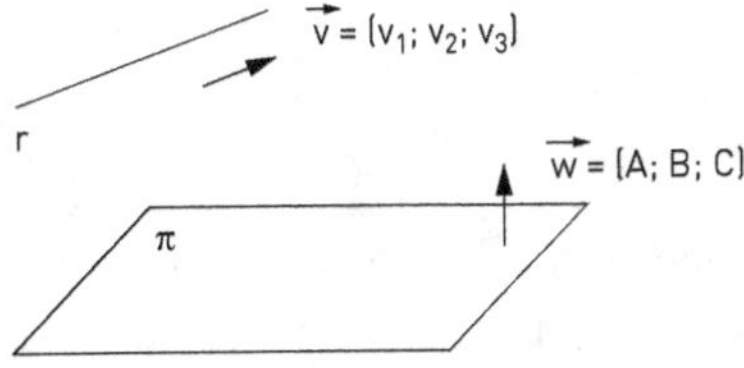

Recta paralela a un plano

Análogamente, la recta será perpendicular al plano si es paralela a su normal, es decir si los vectores asociados tienen componentes proporcionales.

$$\frac{v_1}{A} = \frac{v_2}{B} = \frac{v_3}{C}$$

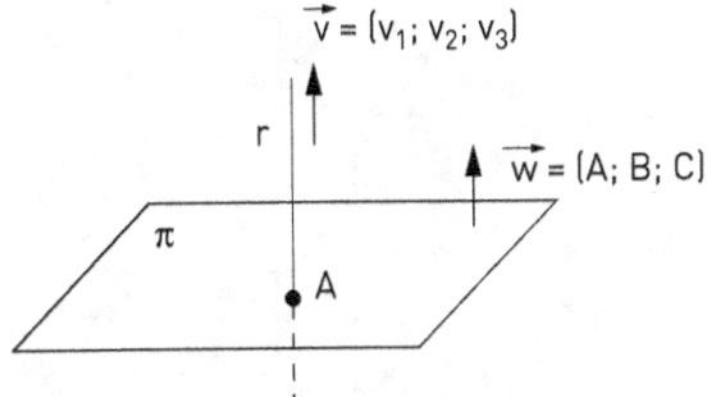

Recta perpendicular a un plano

Curvas cónicas

Las *curvas cónicas* pueden definirse como el lugar geométrico de un conjunto de puntos tales que la distancia de cada punto del conjunto a un cierto punto fijo, llamado *foco*, está en relación constante con su distancia a una recta fija, llamada *directriz*. La relación de las distancias o razón constante se denomina *excentricidad* (e).

Aunque estas curvas están definidas en dos dimensiones resulta ilustrativo, desde el punto de vista geométrico, ver cómo se generan a través de intersecciones de planos con la superficie lateral de un cuerpo geométrico regular, el cono.

El *cono* es una curva engendrada por la rotación de una recta (generatriz) alrededor de un eje (eje de simetría), describiendo una circunferencia (curva directriz) y manteniéndose siempre pasante por un punto fijo del eje (vértice del cono).

En el caso aquí analizado, el vértice se encuentra ubicado sobre la perpendicular a la circunferencia que pasa por su centro y constituye el eje de simetría del volumen considerado. En las figuras siguientes, se observan dos conos unidos por sus vértices y con eje de simetría común. Reciben el nombre de *conos cuádricos* [7] y su ecuación es:

[7] Ver su definición en este mismo capítulo.

$$\frac{x^2}{a^2} + \frac{y^2}{b^2} = \frac{z^2}{c^2}$$

La disposición de los conos cuádricos permite ver más claramente la obtención por secciones planas de las distintas curvas cónicas: la elipse, la parábola y la hipérbola (se verá más adelante que la circunferencia puede considerarse como un caso especial de la elipse).

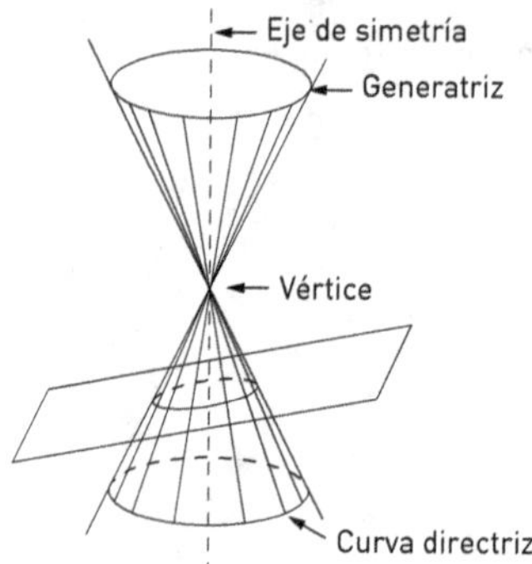

Elipse: curvas cerradas.
El plano corta todas las generatrices.

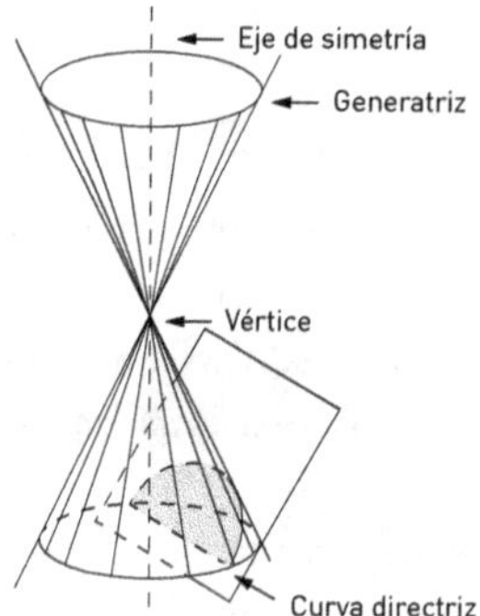

Parábola: curvas abiertas de una sola rama.
El plano es paralelo a una generatriz.

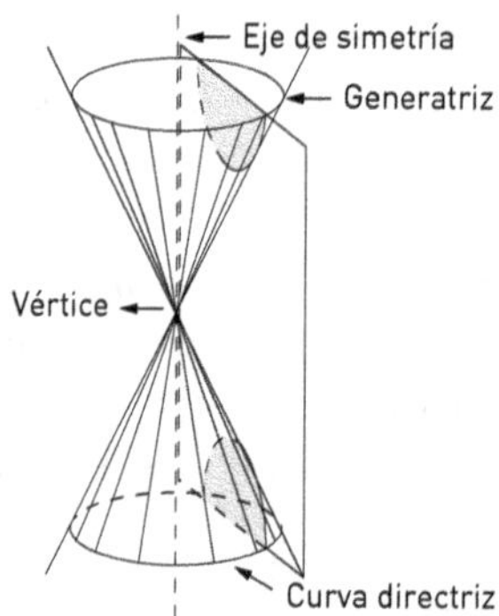

Hipérbola: curvas abiertas de dos ramas.
El plano es paralelo a dos generatrices.

Ecuaciones de las cónicas

a) Ecuación de la elipse

Una *elipse* es el conjunto de puntos del plano cuya suma de distancias a dos puntos fijos (focos) es constante.

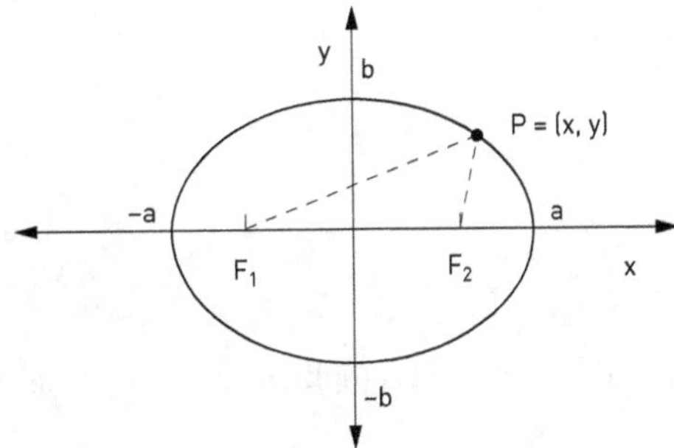

Siendo los focos $F_1 = (-c; 0)$ y $F_2 = (c; 0)$, y siendo *2a* la suma de las distancias PF_1 y PF_2, las coordenadas del punto P = (x; y) de la elipse satisfacen la ecuación

$$\sqrt{(x+c)^2 + y^2} + \sqrt{(x-c)^2 + y^2} = 2a$$

Desarrollando esta expresión,[8] resulta la ecuación de la elipse:

$$\frac{x^2}{a^2} + \frac{y^2}{b^2} = 1 \quad \text{donde } b^2 = a^2 - c^2$$

Esta curva es simétrica respecto de ambos ejes, y si se mantiene el valor de *a* fijo y se varía la distancia focal c en el intervalo $0 \leq c \leq a$, las elipses resultantes cambian de forma. A medida que *c* crece, las elipses se van achatando.

Se llama *excentricidad* al cociente entre el valor de *c* y el de *a*. Para las elipses, $0 \leq e < 1$.[9]

$$e = \frac{c}{a}$$

---

[8] La expresión surge de aplicar la fórmula de distancia entre dos puntos en el plano.

[9] En el sistema solar, los planetas giran en torno del Sol siguiendo órbitas elípticas en las cuales el Sol ocupa uno de sus focos. La mayoría de los planetas, incluida la Tierra, describen órbitas elípticas con excentricidades muy pequeñas. Ello implica que son casi circulares, como puede verse en la siguiente tabla de excentricidades de las órbitas planetarias:

Mercurio 0,21	Venus 0,01	Tierra 0,02	Marte 0,09	Júpiter 0,05
Saturno 0,06	Urano 0,05	Neptuno 0,01	Plutón 0,25	

En cambio, Ícaro, un asteroide que gira alrededor del Sol, describe una órbita elíptica cuya excentricidad es de 0,83.

Si a = b, se obtiene una circunferencia cuya ecuación $x^2 + y^2 = a^2$ y en este caso especial, el de la circunferencia, la excentricidad es igual a cero.

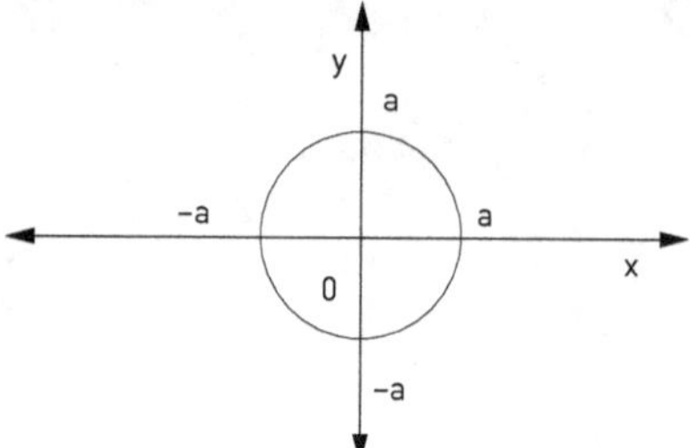

La circunferencia de la figura tiene centro en el origen de coordenadas y radio *a*.

Si se trasladan los ejes a un origen O' de coordenadas (h; k), la ecuación de la elipse queda expresada:

$$\frac{(x-h)^2}{a^2} + \frac{(y-k)^2}{b^2} = 1$$

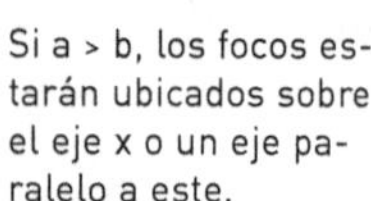

Si a > b, los focos estarán ubicados sobre el eje x o un eje paralelo a este.

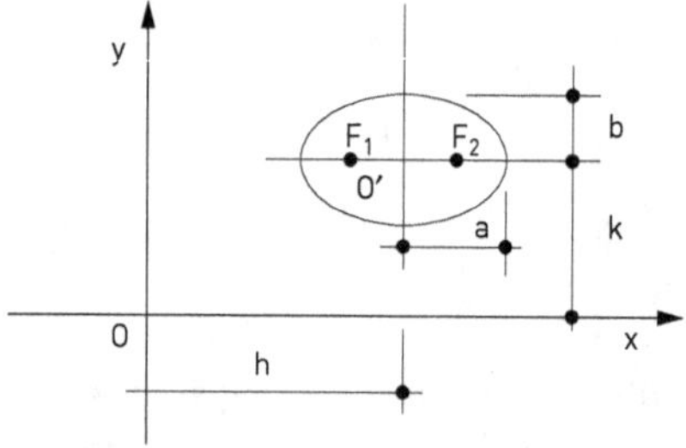

Si a < b, los focos estarán ubicados sobre el eje y o un eje paralelo a este.

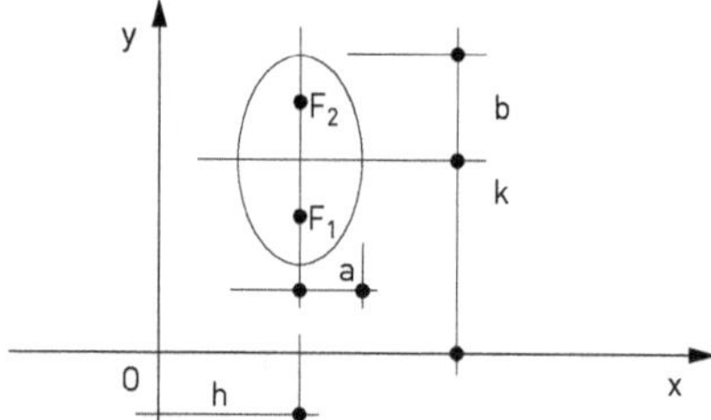

b) Ecuación de la parábola

Una *parábola* es el conjunto de puntos del plano que equidistan de un punto (foco) y de una recta (directriz).

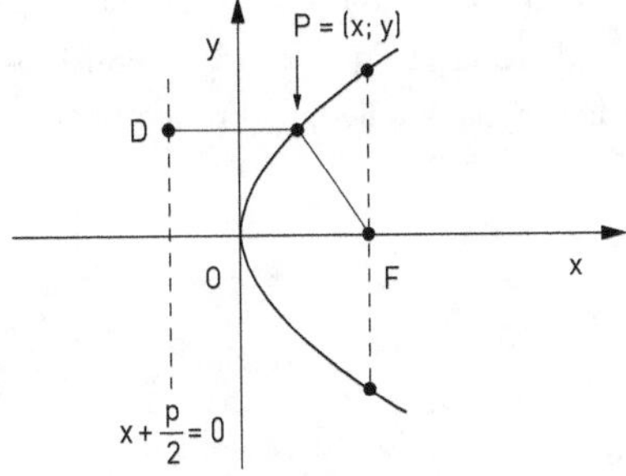

Siendo el foco $F = \left(\dfrac{p}{2} ; 0\right)$ y la recta directriz $x = -\dfrac{p}{2}$, entonces $\overline{DP} = \overline{PF}$; por lo tanto, las coordenadas del punto $P = (x; y)$ de la parábola satisfacen la ecuación:

$$x + \frac{p}{2} = \sqrt{\left(\frac{p}{2} - x\right)^2 + y^2}$$

o una expresión equivalente, que es la ecuación de la parábola:
$$y^2 = 2p\, x$$

Cabe observar que si la parábola se abre hacia la izquierda, su ecuación es
$$y^2 = -2p\, x$$

Intercambiando los roles de las variables x e y (lo que equivale a efectuar una rotación de los ejes), las ecuaciones resultantes son, para la parábola que se abre hacia arriba:
$$x^2 = 2p\, y$$
y, para la que se abre hacia abajo:
$$x^2 = -2p\, y$$

Si el vértice se encuentra en O', con coordenadas (h; k), la ecuación de la parábola de vértice $V = (h; k)$ y eje de simetría paralelo al eje x resulta $(y - k)^2 = 2p\,(x - h)$ $(x - h)^2 = 2p\,(y - k)$ es la ecuación de la parábola de vértice $V = (h; k)$ y eje de simetría paralelo al eje y.

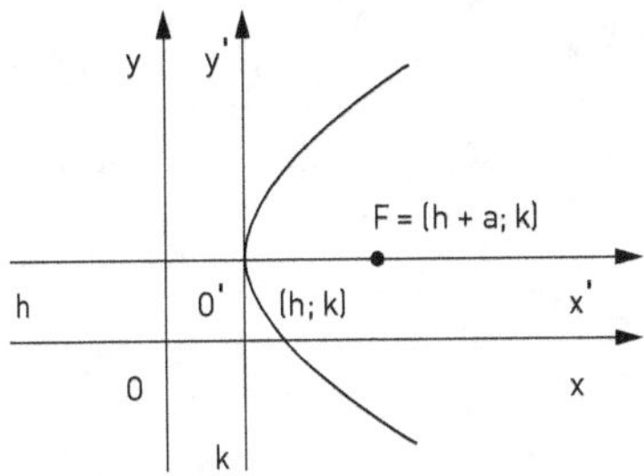

Una propiedad reflectora importante, aprovechada en los espejos parabólicos de los telescopios y en las antenas parabólicas de radar, es que los rayos emitidos desde el foco se reflejan paralelos al eje y los rayos que llegan al reflector paralelos al eje se reflejan pasando por el foco.

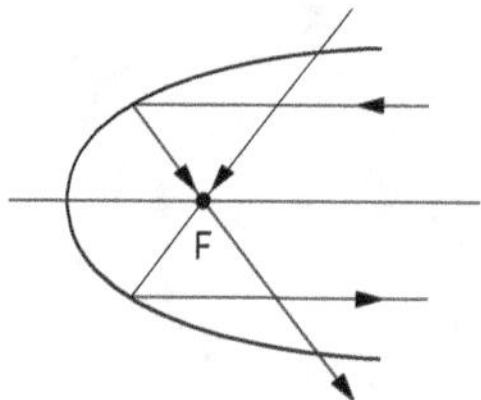

c) Ecuación de la hipérbola

Una hipérbola es el conjunto de puntos del plano cuya diferencia de distancias a dos puntos fijos (focos) es constante.

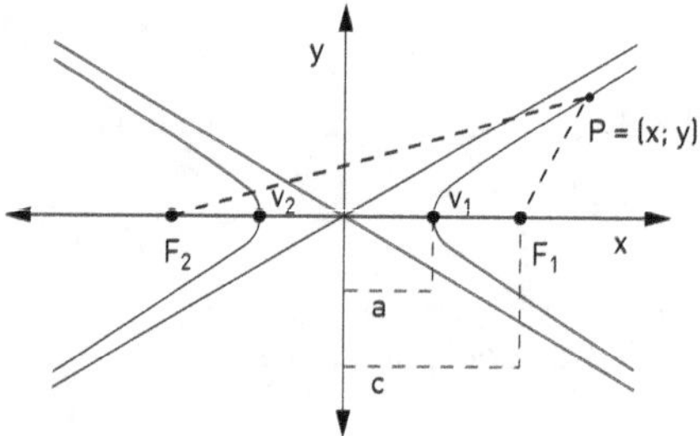

Siendo los focos $F_1 = (-c; o)$ y $F_2 = (c; o)$, debe ser $\overline{PF_2} - \overline{PF_1} = 2a$.

Dado el punto P perteneciente a la hipérbola, sus coordenadas satisfacen la ecuación $\sqrt{(x + c)^2 - y^2} - \sqrt{(x - c)^2 + y^2} = 2a$
Desarrollando esta expresión, obtenemos la ecuación de la hipérbola:

$$\frac{x^2}{a^2} - \frac{y^2}{b^2} = 1 \text{ donde } b^2 = c^2 - a^2$$

La curva es simétrica respecto de ambos ejes.

Intercambiando los roles de las variables x e y (lo que equivale a efectuar una rotación de los ejes), la ecuación resultante es la siguiente:

$$\frac{y^2}{a^2} - \frac{x^2}{b^2} = 1$$

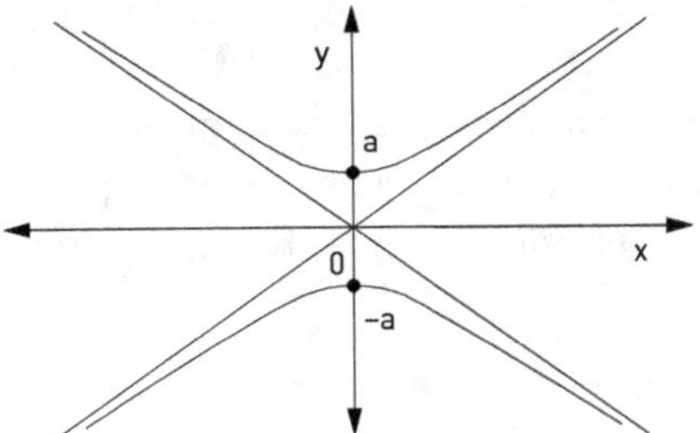

Representación gráfica
de la hipérbola con
focos en el eje *y*.

De igual modo que en los casos anteriores, si se efectúa una traslación de ejes a
un origen O', de coordenadas (h; k), resulta

$$\frac{(x-h)^2}{a^2} - \frac{(y-k)^2}{b^2} = 1$$

Como se ve en las figuras correspondientes, la distancia entre puntos de la curva
muy lejanos al origen (O u O') y las rectas dibujadas tiende a cero.

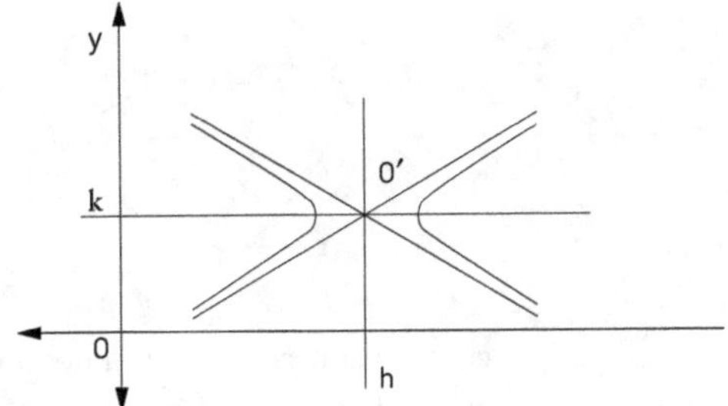

Tales rectas se llaman *asíntotas* de la hipérbola y sus ecuaciones, en el caso de la
hipérbola con centro en el origen O = (0; 0), son las siguientes:

$$y = \pm \frac{b}{a}x$$

La excentricidad, en el caso de las hipérbolas es e > 1.[10]

---

[10] Los espejos hiperbólicos gozan de una propiedad reflectora: todo rayo de luz pasante por un
foco del espejo hiperbólico emerge pasando por el otro foco. Esta propiedad ha sido usada en
la construcción de telescopios reflectores.

Superficies cuádricas

Superficies cilíndricas y de revolución

Se llama *superficie cilíndrica* a la superficie formada por el conjunto de todas las rectas que cortan una curva plana dada y son paralelas a una recta fija que no está en el plano de la curva. La curva se llama *directriz*, y las rectas, *generatrices*.

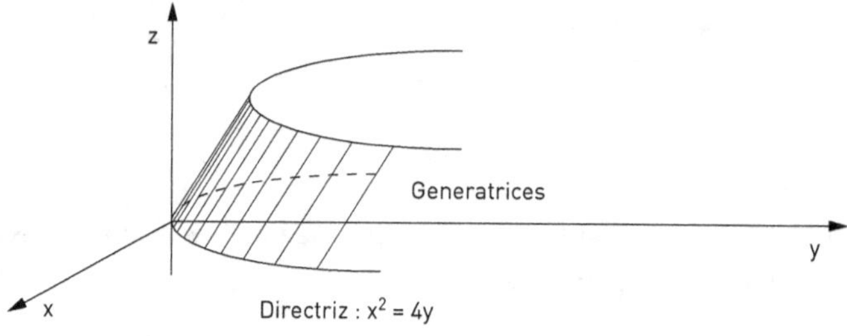

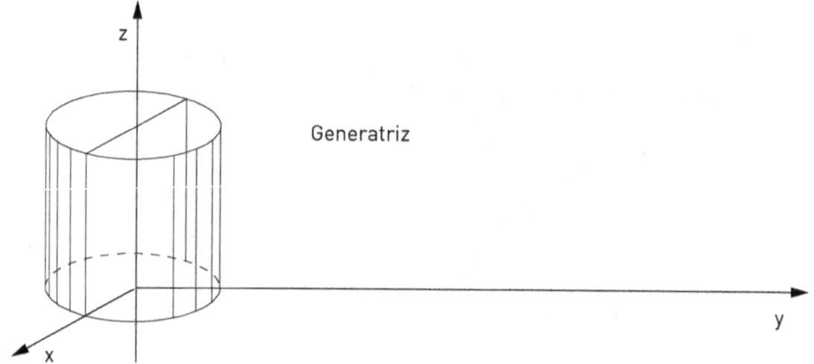

Se llama *superficie reglada* a la superficie que cumple con la condición de que por cada uno de sus puntos pasa al menos una recta, llamada generatriz rectilínea, que tiene en común con la superficie un segmento conteniendo dicho punto. Un ejemplo muy importante de las superficies regladas es el de las superficies cilíndricas y cónicas.

Se llama *superficie de revolución* a la superficie que se obtiene rotando una curva plana dada en torno de un eje. Se dice que la curva genera la superficie.

Considérese el caso de la curva generatriz C definida sobre el plano (y, z), siendo $f(y; z) = 0$ su ecuación implícita, y z el eje de revolución; el punto $P_0 = (x_0; y_0; z_0)$ describirá una circunferencia de centro M y radio $\overline{MP_0} = \overline{MP}$, siendo $P = (x; y; z)$ un punto de la superficie de revolución engendrada.

Ahora bien, proyectando sobre el plano $z = 0$ resulta $\overline{OP'} = \overline{MP} = \sqrt{x^2 + y^2}$.

Pero el segmento $\overline{MP}$ sobre la superficie mide la coordenada y_0. Entonces resulta $y_0 = \sqrt{x^2 + y^2}$, de modo que la ecuación de la superficie de revolución será:

$$f(x; \sqrt{x^2 + y^2}; z) = 0$$

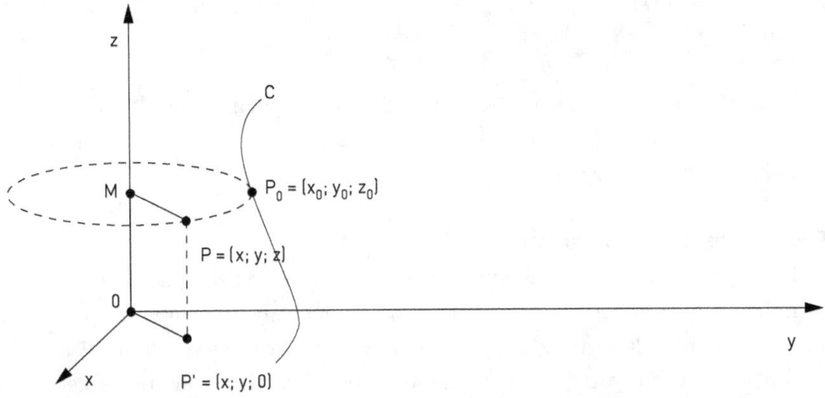

Ejemplo: Considérese la superficie cónica engendrada por la rotación de la recta $z = m$ alrededor del eje de las z; la ecuación de la superficie de revolución será $z = m\sqrt{x^2 + y^2} \Rightarrow \dfrac{z}{m} = \sqrt{x^2 + y^2}$, de donde la ecuación de la superficie cónica circular engendrada es $x^2 + y^2 = \dfrac{z}{m}$

La superficie esférica

La superficie esférica puede considerarse generada por la rotación de una circunferencia alrededor de uno de sus diámetros. Como lugar geométrico, la esfera es el conjunto de puntos que equidistan de un punto dado $C = (x; y; z)$. Para cualesquiera de estos puntos, se deberá satisfacer la relación

$$a = \sqrt{(x - x_0)^2 + (y - y_0)^2 + (z - z_0)^2}$$

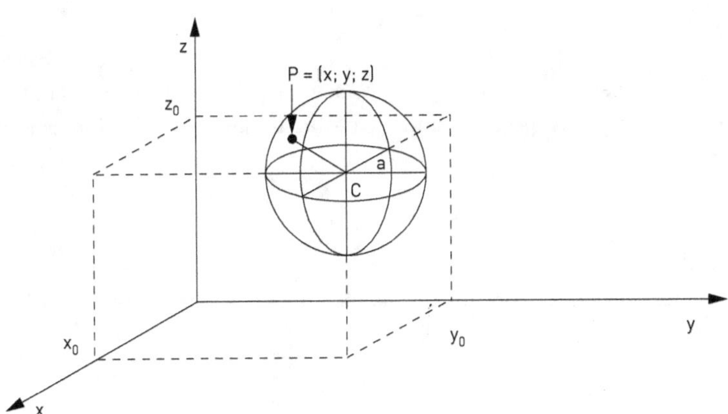

Es decir que se cumplirá que $(x - x_0)^2 + (y - y_0)^2 + (z - z_0)^2 = a^2$

Si se desarrolla esta ecuación,[11] se obtendrá la ecuación implícita de la superficie esférica: $x^2 + y^2 + z^2 + Dx + Ey + Fz + G = 0$

Cuando el centro de la superficie coincide con el origen de coordenadas $O = (0; 0; 0)$, se tendrá que $x_0 = y_0 = z_0 = 0$, y en consecuencia, la ecuación se reducirá a $x^2 + y^2 + z^2 = a^2$

Ecuaciones de las cuádricas

Las superficies cuádricas desempeñan, en la geometría del espacio, un papel similar al de las curvas cónicas en la geometría del plano. En ambos casos, se trata de polinomios de segundo grado, y su diferencia estriba en que las cónicas son funciones de dos variables (x; y) mientras que las cuádricas son funciones de tres variables (x; y; z). En el plano, se han estudiado aquí ya tres familias de cónicas: las elipses (con la circunferencia como caso límite), las parábolas y las hipérbolas. En el espacio, se estudiarán varias familias de superficies cuádricas, cuya similitud con las cónicas resultará evidente en sus fórmulas.

a) Elipsoides

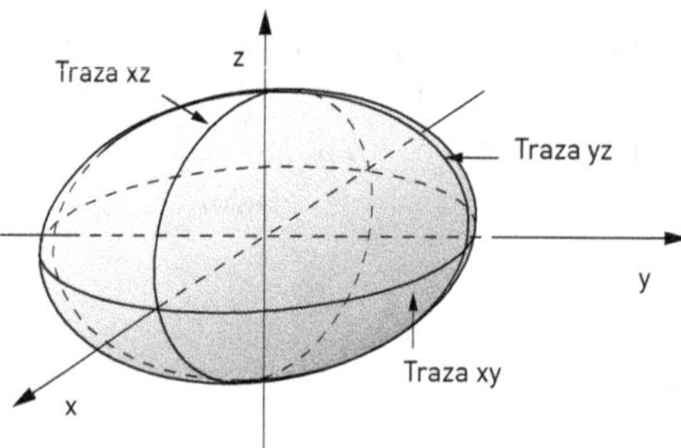

Siendo *a*, *b* y *c* positivos, la longitud de los semiejes de el elipsoide en la dirección de los ejes *x*, *y*, *z* respectivamente, se define la siguiente ecuación canónica del elipsoide:

$$\frac{x^2}{a^2} + \frac{y^2}{b^2} + \frac{z^2}{c^2} = 1$$

Los elipsoides pueden ser considerados como generados por una elipse variable que se traslada paralela al plano (x; y).

[11] En la ecuación desarrollada, se agrupan los términos de la siguiente forma:
$x^2 + y^2 + z^2 - 2x_0x - 2y_0y - 2z_0z + x_0^2 + y_0^2 + z_0^2 - a^2 = 0$, donde: $-2x_0 = D$; $-2y_0 = E$; $-2z_0 = F$; $x_0^2 + + y_0^2 + z_0^2 - a^2 = G$

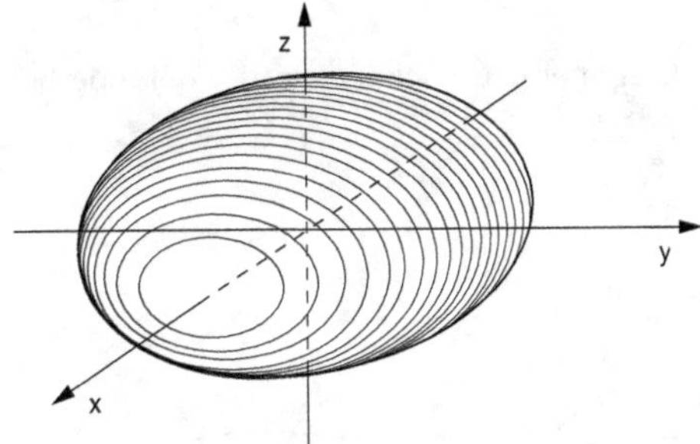

La traza sobre el plano (x; y) (plano de ecuación z = 0) es una elipse de semiejes *a* y *b*.

$$\frac{x^2}{a^2} + \frac{y^2}{b^2} = 1$$

Las trazas sobre los planos paralelos al plano (x; y) (planos de ecuación z = k) son elipses de ecuación:

$$\frac{x^2}{a^2} + \frac{y^2}{b^2} = 1 - \frac{k^2}{c^2}$$

Para que exista intersección, es necesario que se cumpla:

$$1 - \frac{k^2}{c^2} \geq 0, \ \text{de donde} \ |k| < c$$

En el caso especial en que z = c, se tendrá que:

$$\frac{x^2}{a^2} + \frac{y^2}{b^2} = 0$$

es decir, $b^2x^2 + a^2y^2 = 0$ lo que se cumplirá únicamente cuando x = 0; y = 0, es decir, para el punto P = (0; 0; c).

Como caso particular, los elipsoides pueden ser de revolución. Si lo fueran alrededor del eje *y*, los semiejes *a* y *c* serían iguales, ya que la traza con el plano (x; z) sería una circunferencia. La ecuación en este caso sería:

$$\frac{x^2}{a^2} + \frac{y^2}{b^2} + \frac{z^2}{a^2} = 1$$

Si el elipsoide tuviese los tres semiejes iguales (a = b = c), la ecuación sería:

$$\frac{x^2}{a^2} + \frac{y^2}{a^2} + \frac{z^2}{a^2} = 1 \ , \text{o sea,}$$

$x^2 + y^2 + z^2 = a^2$ que es una superficie esférica de radio *a*.

b) Hiperboloides

Siendo *a*, *b* y *c* positivos, se define la siguiente ecuación canónica del hiperboloide de una hoja:

$$\frac{x^2}{a^2} + \frac{y^2}{b^2} + \frac{z^2}{c^2} = 1$$

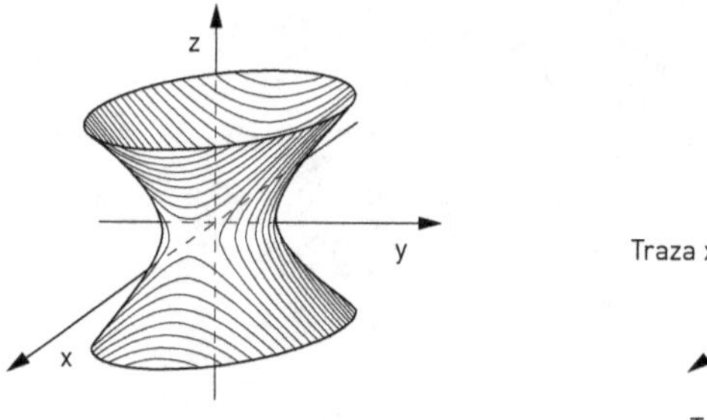

Hiperboloide de una hoja

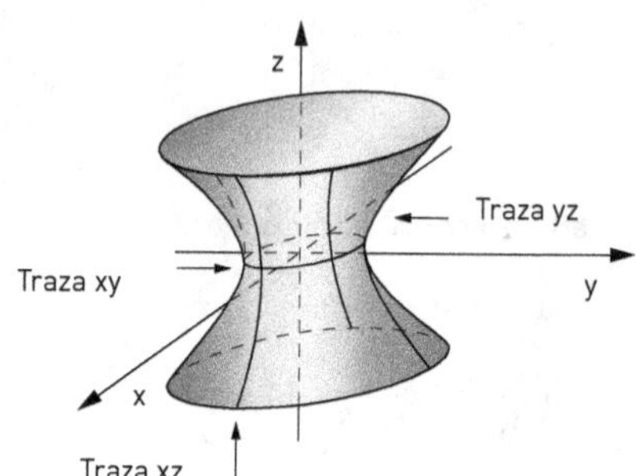

Las trazas con planos normales al eje y (plano de ecuación y = k) son hipérbolas de ecuación:

$$\frac{x^2}{a^2} + \frac{z^2}{c^2} = 1 - \frac{k^2}{b^2}$$

Estas hipérbolas tienen eje transversal en la dirección del eje *x* cuando $|k| \leq b$, y en la dirección de *z* para $|k| > b$. En el caso en que k = b se tendrá

$$\frac{x^2}{a^2} - \frac{z^2}{a^2} = 0 \Rightarrow \left(\frac{x}{a} - \frac{z}{c} \right) \left(\frac{x}{a} - \frac{z}{c} \right) = 0$$

Lo que será cierto para:

$$\frac{x}{a} = \frac{z}{c} \quad \text{(ecuación de una recta) y}$$

$$\frac{x}{a} = - \frac{z}{c} \quad \text{(ecuación de otra recta).}$$

Las trazas con planos z = k, planos paralelos al plano (x, y), son elipses de fórmula:

$$\frac{x^2}{a^2} + \frac{y^2}{b^2} = 1 + \frac{k^2}{c^2}$$

donde, cualquiera sea el valor de *k*, se deberá cumplir:

$$1 + \frac{k^2}{c^2} \geq 1$$

El hiperboloide de una hoja es una superficie reglada. Por otra parte, cuando a = b, el hiperboloide será de revolución alrededor del eje z y su ecuación será:

$$\frac{x^2}{a^2} + \frac{y^2}{b^2} - \frac{z^2}{c^2} = 1$$

Siendo *a*, *b* y *c* positivos, se define la siguiente ecuación canónica del hiperboloide de dos hojas:

$$\frac{x^2}{a^2} + \frac{y^2}{b^2} - \frac{z^2}{c^2} = -1$$

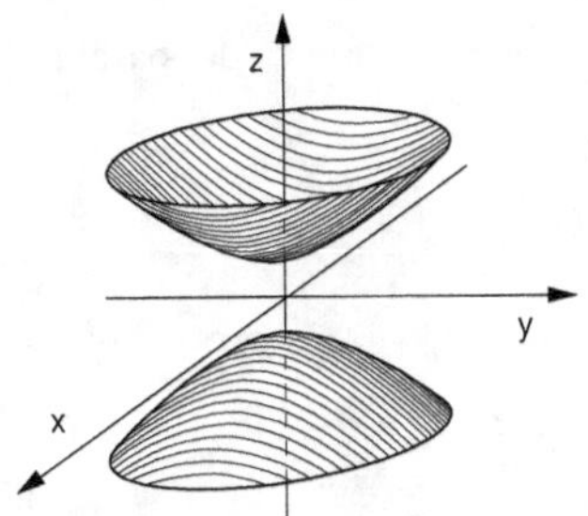

Hiperboloide de dos hojas

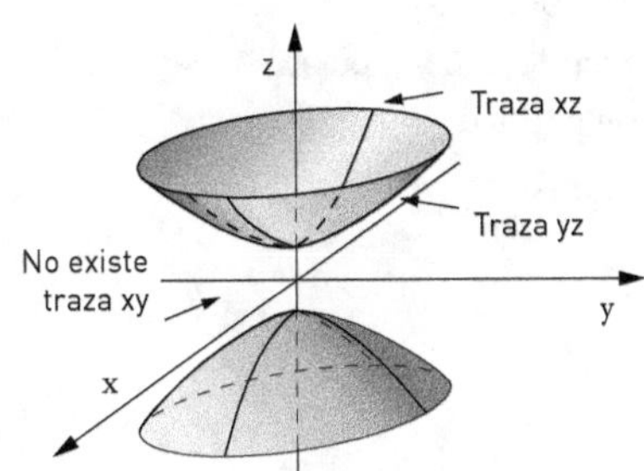

Las trazas sobre planos y = k (planos paralelos al (x; z)) son hipérbolas de eje transversal en la dirección de z, y de ecuación

$$\frac{z^2}{c^2} - \frac{x^2}{a^2} = 1 + \frac{k^2}{b^2}$$

Las trazas con planos x = k (planos paralelos al (y; z)) también son hipérbolas, de ecuación

$$\frac{z^2}{c^2} - \frac{y^2}{b^2} = 1 + \frac{k^2}{a^2}$$

En el caso en que a = b, el hiperboloide es de revolución alrededor del eje z, y su ecuación es:

$$\frac{x^2}{a^2} + \frac{y^2}{a^2} - \frac{z^2}{c^2} = -1$$

Las trazas con planos z = k son elipses de ecuación

$$\frac{x^2}{a^2} + \frac{y^2}{b^2} = \frac{k^2}{c^2} - 1$$

y, para que existan, será necesario que:

$$\frac{k^2}{c^2} - 1 > 0 \text{ de donde } |k| > c.$$

En el caso en que el plano sea z = c, se tendrá que:

$$\frac{x^2}{a^2} + \frac{y^2}{b^2} = 0$$

lo que se cumple para x = 0; y = c. En consecuencia, se tendrá el punto P = (0; 0; c).

c) Paraboloides

Siendo *a*, *b* y *c* positivos, se define la siguiente ecuación canónica del paraboloide elíptico:

$$\frac{x^2}{a^2} + \frac{y^2}{b^2} = \frac{z}{c}$$

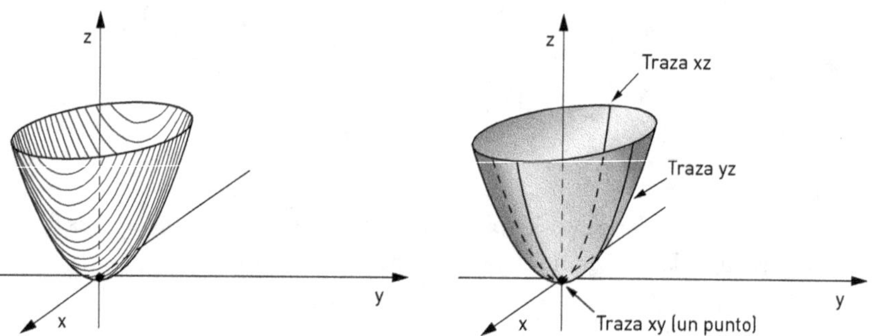

Paraboloide elíptico

Las trazas con planos paralelos al plano (x, y) (planos y = k) y con planos paralelos al plano (y, z) (planos x = k) son parábolas. En el caso en que a = b, el paraboloide será de revolución alrededor del eje z y su fórmula será

$$\frac{x^2}{a^2} + \frac{y^2}{a^2} = \frac{z}{c}$$

Las trazas con planos z = k son elipses de ecuación

$$\frac{x^2}{a^2} + \frac{y^2}{b^2} = \frac{k^2}{c^2}$$

y, para que existan, tendrá que ser:

$$\frac{k}{c} > 0 \Rightarrow k > 0, \text{ debido a que } c > 0.$$

Siendo a, b y c positivos, se define la ecuación canónica del paraboloide hiperbólico:

$$\frac{y^2}{b^2} - \frac{x^2}{a^2} = \frac{z}{c}$$

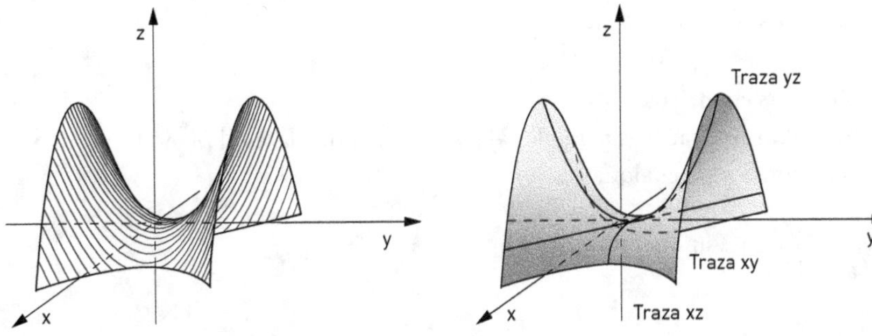

Paraboloide hiperbólico

Las trazas con planos paralelos al (y, z) (planos x = k) y con planos paralelos al (z, x) (planos y = k) son parábolas.

El paraboloide hiperbólico no puede ser de revolución, ya que ninguna de sus secciones planas es elíptica, pero es una superficie reglada, pues por cada uno de sus puntos pasa una generatriz que es asíntota del sistema de hipérbolas.

d) Cono cuádrico

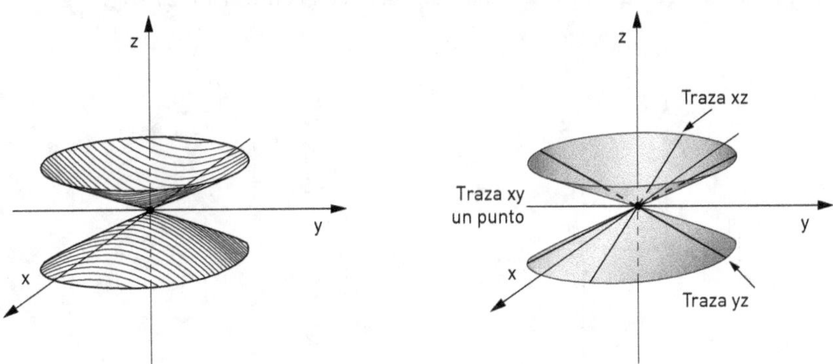

Siendo a, b y c positivos, se define la ecuación:

$$\frac{x^2}{a^2} + \frac{y^2}{b^2} = \frac{z^2}{c^2}$$

Las trazas con planos z = k son elipses.

La traza con el plano z = 0 es el punto de coordenadas (0; 0; 0).

Las trazas con los planos x = k son hipérbolas de ecuación

$$\frac{y^2}{b^2} - \frac{z^2}{c^2} = 1 - \frac{k^2}{a^2}$$

Las trazas con planos y = k también son hipérbolas. Para planos x = 0 e y = 0 se tienen pares de rectas.

e) Cilindros cuádricos

Si son de generatrices paralelas al eje z, perpendiculares al plano (x; y), tienen ecuaciones para cualquier valor de z:

$$\frac{x^2}{a^2} + \frac{y^2}{b^2} = 1 \quad \text{cilindro elíptico}$$

$$\frac{x^2}{a^2} - \frac{y^2}{b^2} = 1 \quad \text{cilindro hiperbólico}$$

$$y^2 = 2px \quad \text{cilindro parabólico}$$

Hélice y helicoide

Hélice cilíndrica circular

La *hélice circular* es la curva trazada por un punto P que se mueve con movimiento circular uniforme, consistente en una rotación alrededor de un eje (eje de rotación del cilindro) y en una translación en la dirección z.

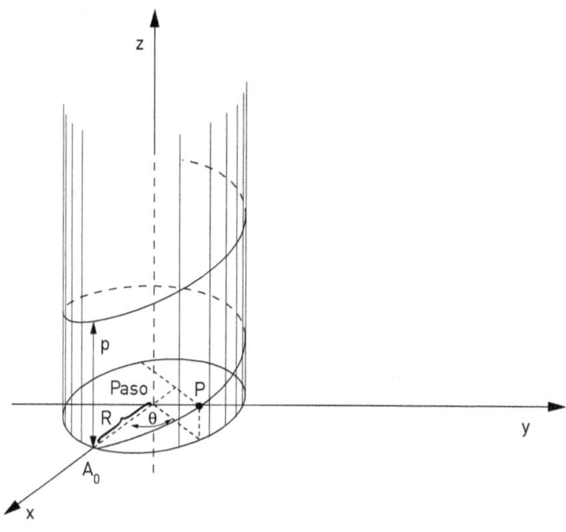

Un punto sobre la circunferencia de centro O y radio R gira alrededor del centro con una velocidad angular $\omega = \dfrac{\theta}{t}$ que es constante. A su vez, el centro O se desplaza a lo largo del eje z con una velocidad de traslación constante, que es proporcional a ω. En consecuencia, si la hélice comienza en un punto A_0 del plano $(x; y)$, se tendrá $z = k\,\omega t$. Si R es el radio del cilindro sostén, se tendrá que

$$x = R \cos \omega t$$
$$y = R \operatorname{sen} \omega t$$
$$z = k\,\omega t$$

Si el paso p de la hélice es la distancia entre dos intersecciones consecutivas de la hélice con una generatriz cualquiera del cilindro, se tendrá que si $z = k\,\omega t$, será $p = k\,2\pi$.

Helicoide recto

Un *helicoide recto* es el lugar geométrico de las rectas que, siendo paralelas al plano de la base de una hélice circular, cortan a su eje (la superficie definida corresponde a una escalera caracol de hormigón). Sea la hélice circular definida por las ecuaciones

$$x = R \cos \omega t$$
$$y = R \operatorname{sen} \omega t$$
$$z = k\,\omega t$$

Una recta que sea paralela al plano $(x; y)$ es una generatriz del helicoide si corta al eje z y a la hélice. Las rectas paralelas al plano $(x; y)$ tienen por ecuación

$$\frac{x - x_1}{l} = \frac{y - y_1}{m} = 1$$
$$z - z_1 = 0$$

y la que pasa por el punto $A = (0; 0; z)$ es

$$\frac{x}{l} = \frac{y}{m}$$
$$z - z_1 = 0$$

por lo tanto, $\dfrac{x}{l} = \dfrac{y}{m}$; $z - z_1 = 0 \Rightarrow \dfrac{y}{x} = \dfrac{m}{l}$; $z = z_1 \therefore \dfrac{R \cos \omega t}{l} = \dfrac{R \operatorname{sen} \omega t}{m}$

de donde se concluye que $\dfrac{m}{l} = \dfrac{\operatorname{sen} \omega t}{\cos \omega t} = \operatorname{tg} \omega t$; $z = k\,\omega t = k \operatorname{arc} \operatorname{tg} \dfrac{y}{x}$

La ecuación del helicoide será, por lo tanto:

$$z = k \operatorname{arc} \operatorname{tg} \frac{y}{x} \quad \text{donde} \quad \begin{cases} \dfrac{y}{x} = \operatorname{tg} \omega t \\[2ex] z = k\,\omega t \end{cases}$$

02. Grafos

¿Cómo es posible que la Matemática, siendo después de todo un producto del pensamiento huma-no independiente de la experiencia, se adapte tan admirablemente a los objetos de la realidad?
ALBERT EINSTEIN (1879 - 1955)

Introducción

La teoría de grafos es una rama de la investigación operativa que se aplica en el tratamiento de diversos problemas de los campos tecnológico, sociológico y económico. Históricamente está comprobado que, ante el planteo de un problema, los seres humanos tienden a realizar diagramas en los que actividades, etapas de un proyecto, individuos, localidades, etcétera, se representan mediante puntos, así como las distintas relaciones entre dichos objetos se representan mediante líneas que unen estos puntos.

El matemático alemán D. König, en un trabajo publicado en 1936, fue el primero en proponer que tales diagramas recibieran el nombre de *grafos* y en realizar un estudio sistemático de sus propiedades.

El trazado de un grafo no es un problema métrico; es decir, la forma y la longitud de las líneas que unen los puntos son indistintas: lo que interesa es visualizar las relaciones, las interacciones entre ellos. De ahí la importancia de la teoría de grafos en arquitectura y, en general, en todo problema de diseño.

Las aplicaciones más comunes de la teoría de grafos se dan en problemas topológicos, circulatorios, de vecindades, y de aislación sonora. Los grafos u organigramas proporcionan diversas estructuras topológicas que satisfacen relaciones dadas; puesto que son muchas más de las que el diseñador imagina, enriquecen la solución buscada.

Las condiciones topológicas en diseño son ciertas cualidades pregeométricas de las formas, tales como la vecindad, la conexión y la posición relativa respecto de fronteras determinadas. Estas cualidades aparecen en las primeras etapas del proyecto, encubiertas por condicionantes funcionales (circulación, orientación, venti-lación, asoleamiento, etc.). Los diseñadores operan sobre ellas intuitivamente, pero las operaciones que con ellas se realizan son susceptibles de un tratamiento más riguroso y científico.

Definición de grafo

Llamaremos *grafo* a una terna G = (V, A, φ) donde V y A son conjuntos finitos y φ es una aplicación que hace corresponder a cada elemento de A un par de elementos de V. Los elementos de V son los vértices de G, los elementos de A son las aristas de G, y φ es la aplicación de incidencia que asocia a cada arista sus dos vértices.

La representación gráfica de un grafo se efectúa asociando a cada vértice un punto del plano de dibujo y a cada arista una línea que une los puntos asociados con los vértices.

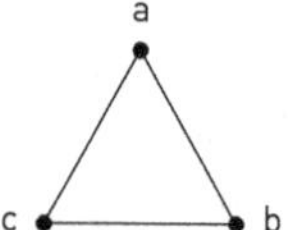

Si {a, b} es una arista del grafo, los vértices *a* y *b* se llaman *adyacentes*.
Si {a, c} y {a, b} son aristas del grafo, se dicen *adyacentes*, porque tienen un vértice común.
El *grado* de un vértice es el número de aristas que en él inciden. Un vértice se dice *aislado* si su grado es nulo y *pendiente* si su grado es 1.
Dos o más aristas se llaman *múltiples* si tienen por extremos los mismos vértices.
Un *lazo* es una arista cuyos dos extremos coinciden en un vértice.

Tipos de grafos

Existen distintos tipos de grafos, según las relaciones que se pueden establecer entre vértices y aristas. Se llama *grafo vacío* a todo grafo que no posee aristas, aunque pueda contener uno o más vértices.

Se denomina *grafo sencillo* a todo grafo que no tiene ni lazos ni aristas múltiples. Otro tipo de grafo es el *k-regular*, en el que todos los vértices tienen igual grado *k*.

Todo grafo sencillo de *n* vértices en el que todo par de vértices determina una arista se denomina *grafo completo de n vértices*. En todo grafo completo de n vértices, todos los vértices tienen grado n – 1 y el número de aristas es $n\,\dfrac{n-1}{2}$.

Dado un grafo G, se denomina *grafo complemento de G* (se indica C_G) al grafo que tiene los mismos vértices que G y cuyas aristas no pertenecen a G.

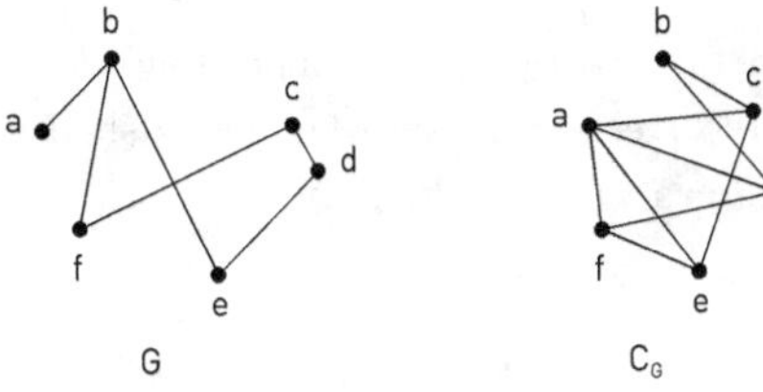

Grafos complementarios

Un grafo S es un *subgrafo* de un grafo G si los vértices y las aristas de S están incluidos en los vértices y las aristas de G. Los subgrafos pueden tomarse respecto de un vértice (se anula el vértice y todas las aristas que en él inciden) o bien respecto de una arista (se anula la arista).

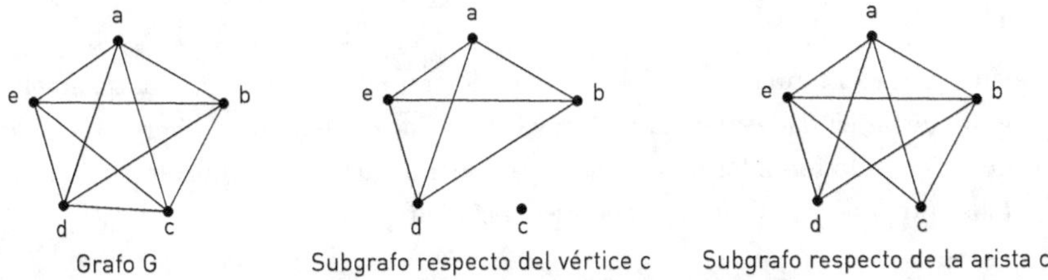

Grafo G   Subgrafo respecto del vértice c   Subgrafo respecto de la arista cd

Un grafo se dice *euleriano*[1] si todas sus aristas pueden recorrerse en un solo trazo sin pasar dos veces alguna de ellas. Para que un grafo sea euleriano, solo puede tener como máximo dos vértices a los que concurra un número impar de aristas (vértices de partida y de llegada). En todos los demás vértices debe incidir un número par de aristas, ya que cada vez que se llegue a uno, hay que volver a partir.

El problema de los siete puentes de Königsberg sobre el río Pregel, planteado por Leonhard Euler, consistía en averiguar si era posible un recorrido que, partiendo de una orilla, volviera al lugar de origen pasando por cada puente una sola vez. Esto equivale a determinar si el grafo asociado es o no euleriano. Rápidamente encontramos que no lo es, pues hay más de dos vértices en los que incide un número impar de aristas.

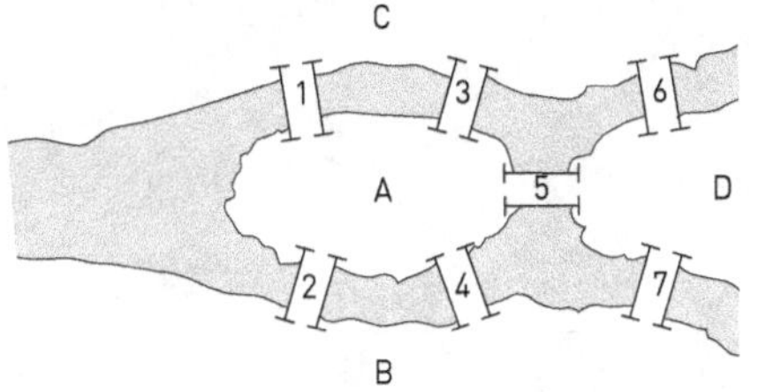

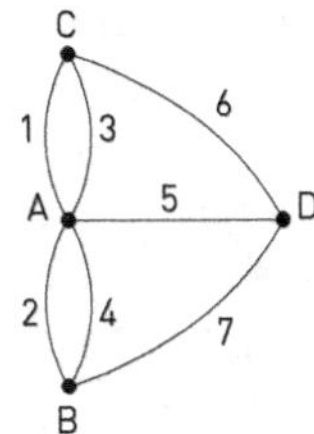

Esquema de los siete puentes sobre el río Pregel, y su grafo asociado.

[1] El nombre de grafo euleriano se debe al matemático Leonhard Euler (1707-1782).

Un grafo se llama *hamiltoniano* si existe un recorrido que pasa por todos los vértices una sola vez, sin necesidad de recorrer todas las aristas. No existe un criterio general para averiguar si un grafo es o no hamiltoniano.

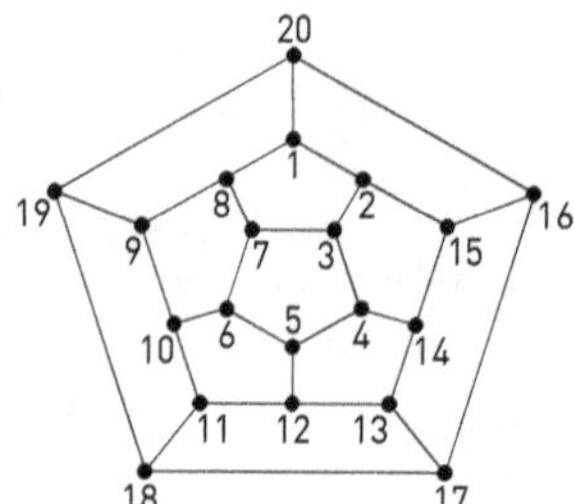

Un ejemplo clásico de grafo hamiltoniano es el asociado con un dodecaedro regular, propuesto a mediados del siglo XIX por el matemático irlandés William R. Hamilton.

Una aplicación interesante del concepto de grafo hamiltoniano se daría en el grafo de las ciudades de una región y los caminos que las unen. Sería deseable que este grafo fuera hamiltoniano para que un viajante que quisiera visitarlas todas no pasara dos veces por la misma ciudad.

Los *grafos p-coloreados* son grafos de V vértices y p subconjuntos de pares no ordenados de elementos de V, determinados por otras tantas aplicaciones j. En suma, un grafo p-coloreado posee aristas de p clases distintas, que se colorean de color diferente.

Finalmente, un *grafo rotulado* de n vértices es el que tiene sus vértices individualizados por números o letras.

Si se analizan los dos grafos de la siguiente figura, podrá observarse que, aunque a primera vista parezcan diferentes, tienen muchas características en común.

—Ambos poseen 8 vértices y 13 aristas.
—Eligiendo un par de aristas adyacentes en uno de ellos, las aristas correspondientes del otro son también adyacentes. Lo mismo sucede con los vértices.

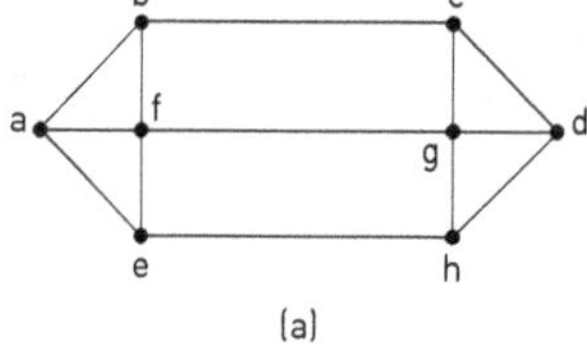

(a)

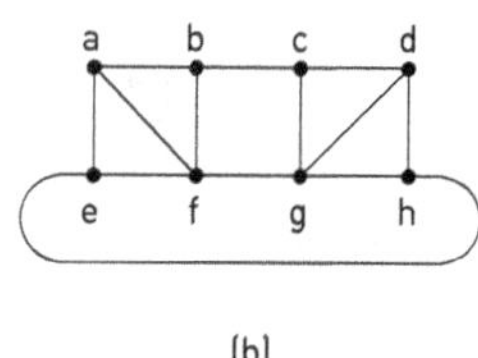

(b)

El caso *a* es más sencillo y armónico que el *b*.

Se trata de dos imágenes distintas de un mismo grafo; se dice entonces, que son isomorfos. Más precisamente, dos grafos $G = (V, A, \varphi)$ y $G' = (V', A',\varphi')$ son *isomorfos* si existe una correspondencia biyectiva[2] entre V y V' y entre A y A', que conserva las relaciones de adyacencia.

A nivel gráfico, se debe intentar trabajar con los esquemas más simples entre todas las representaciones isomorfas de un mismo grafo.

Ejemplo: Sea un tema cualquiera de diseño para el que se ha fijado un conjunto de locales y un conjunto de relaciones de vecindad entre pares de dichos locales. Si se define la aplicación de incidencia φ como la relación de vecindad, es posible dibujar un grafo en el cual los vértices representen locales, y las aristas, vecindades entre pares de locales. Restricciones del programa pueden implicar, además, relaciones de no-vecindad o separación entre locales. Podrían definirse entonces tres grafos con igual número de vértices:

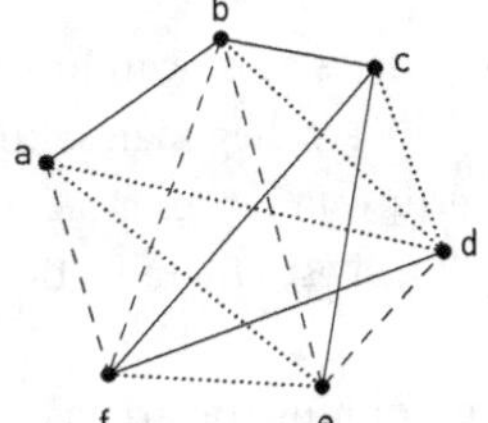

— vecindades deseables

······ vecindades indeseables

– – vecindades indiferentes

Estos tres grafos serían complementarios y su superposición determinaría un grafo tri-coloreado. En este ejemplo, es preciso que todos los lugares estén representados por vértices, incluido el o los espacios exteriores y los espacios de conexión o circulatorios. No puede haber vértices aislados, pero puede haber vértices pendientes (lugares que limitan con un solo espacio). No puede haber lazos en este ejemplo. Puede haber aristas múltiples en el caso de que un lugar tenga varios límites comunes con otro.

Especificación y representación de grafos

Un grafo puede especificarse:

—Enumerando sus vértices y sus aristas, agregando un listado de las relaciones entre esas partes.

—Mediante matrices. Las *matrices* son arreglos rectangulares de números cuya dimensión está dada por el número de filas multiplicado por el número de

[2] Una transformación es *biyectiva* cuando a cada punto del plano le hace corresponder uno y solo un punto del mismo.

columnas. Las matrices que representan los grafos pueden ser de incidencia o de adyacencia. La matriz de incidencia tiene n filas y k columnas, donde cada fila corresponde a un vértice y cada columna a una arista. En el lugar de cruce de la fila i-ésima con la columna j-ésima se escribe un 1 si el vértice i y la arista j son incidentes y un 0 si no lo son; la matriz de adyacencia de vértices es cuadrada y tiene n filas por n columnas. En el cruce i-j se escribe un 1 si los vértices i y j son adyacentes; un 0 si no lo son. Los lazos aparecen en la diagonal de la matriz; la matriz de adyacencia de aristas es una matriz cuadrada tal que en el cruce i-j se escribe un 1 si las aristas son adyacentes y un 0 si no lo son. Las matrices pueden operarse con computadoras y son útiles en casos de gran complejidad.

—Mediante rejillas, versiones gráficas idénticas a las matrices. En ellas, los vértices y/o las aristas se representan en una grilla ortogonal, colocando un punto en las intersecciones cuando se cumple la relación de incidencia (o adyacencia).

—Mediante diagramas de puntos entrelazados, en los cuales los vértices y/o las aristas se representan mediante dos columnas de puntos enfrentados, uniendo los puntos cuando se cumple la relación. Esta representación es poco recomendable cuando el grafo es muy complejo.

—Mediante una representación poligonal en la que los vértices se ubican formando un polígono regular, y las aristas aparecen como lados y diagonales. En algunos casos, para clarificar la lectura, se trata de convertir esta representación en otra representación con mínimos cruces, o bien sin ellos, si esto fuera factible.

Ejemplo: Sea el conjunto de vértices V = {a, b, c, d, e} y el conjunto de aristas S = {A, B, C, D, E, F} con la relación de incidencia φ = {{a;c}; {a;e}; {b;d}; {b;e}; {c;d}; {d;e}}. Representar el grafo correspondiente según las distintas formas enumeradas.

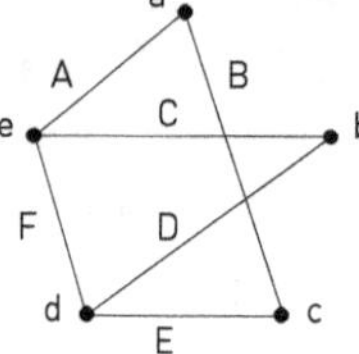

Representación poligonal

Representación con mínimos cruces

	a	b	c	d	e
a	0	0	1	0	1
b	0	0	0	1	1
c	1	0	0	1	0
d	0	1	1	0	1
e	1	1	0	1	0

Matriz de adyacencia de vértice

	A	B	C	D	E	F
A	0	1	1	0	0	1
B	1	0	0	0	1	0
C	1	0	0	1	0	1
D	0	0	1	0	1	1
E	0	1	0	1	0	1
F	1	0	1	1	1	0

Matriz de adyacencia de aristas

	A	B	C	D	E	F
a	1	1	0	0	0	0
b	0	0	1	1	0	0
c	0	1	0	0	1	0
d	0	0	0	1	1	1
e	1	0	1	0	0	1

Matriz de incidencia

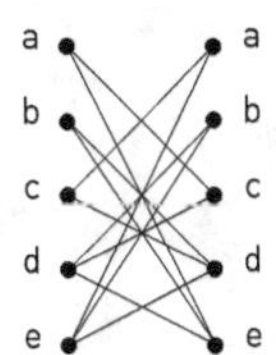

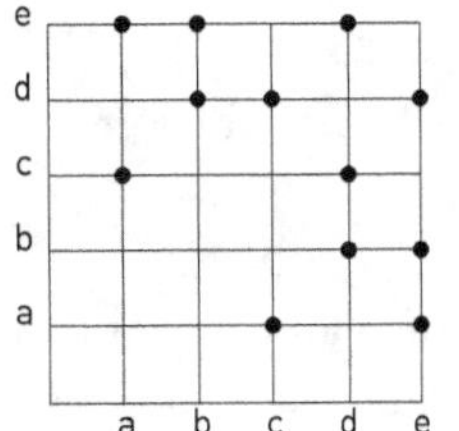

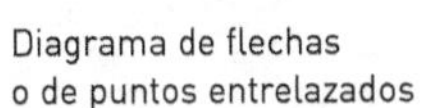

Diagrama de flechas
o de puntos entrelazados

Diagrama cartesiano o rejilla

Grafos dirigidos o digrafos

En algunos problemas, la estructura de grafo puede resultar inadecuada para describir la situación considerada. Por ejemplo, si se trata de describir el tránsito de vehículos en un barrio de una ciudad, podrían identificarse las esquinas con los vértices de un grafo y las calles por las aristas del mismo. Pero esta descripción no tomaría en cuenta el hecho real de que hay calles de una mano donde se permite circular en un sentido y calles de doble mano por las que se puede circular en ambos sentidos. En un caso como este, habría que agregar a las aristas del grafo un sentido u orientación determinados, con lo que se tendría un grafo dirigido o digrafo.

Más precisamente, llamamos *grafo dirigido* o *digrafo* a una terna $G = (V, A, \varphi)$ donde V y A son conjuntos finitos y φ es una aplicación que hace corresponder a cada elemento de A un elemento del producto cartesiano[3] V x V (esto es, un par ordenado de elementos de V). Los elementos de V son los vértices de G, los elementos de A son los arcos de G, y φ es una aplicación que asocia a cada arco sus dos extremos.

El arco (a, b) de la figura está dado por un par ordenado (donde el primer elemento es su vértice inicial y el segundo su vértice final) mientras que en los grafos no orientados el arco es descrito por un par no ordenado {a, b}.

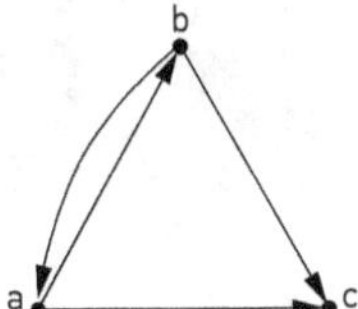

Asimismo, podemos extender el concepto de isomorfismo estableciendo que dos digrafos $G = (V, A, \varphi)$ y $G' = (V', A', \varphi')$ son isomorfos si los correspondientes grafos no dirigidos son isomorfos y si, además, se conserva la orientación de los arcos correspondientes.

[3] El producto cartesiano A × B es el conjunto formado por todos los pares ordenados cuya primera componente es un elemento del conjunto A y la segunda, uno del conjunto B.
Si A = {1, 2, 3} y B = {a, b}, A × B = {(1;a); (1;b); (2;a); (2;b); (3;a); (3;b)}.

Conceptos orientados y no orientados

Estos son algunos conceptos distintivos entre grafos y digrafos.

Conceptos orientados

—Vértices: Puntos que representan los elementos del conjunto V.

—Arcos: Líneas orientadas que unen pares de vértices y representan los elementos del conjunto A.

—Extremo inicial y extremo final de un arco: Vértice del que parte un arco y vértice al que llega.

—Camino: Sucesión de arcos adyacentes tales que el extremo final de uno coincide con el extremo inicial del siguiente.

—Longitud: Número de arcos del camino.

—Circuito: Camino en el cual el vértice inicial coincide con el final.

—Lazo: Circuito de longitud 1.

Un grafo se dice *fuertemente conexo* si entre dos vértices cualesquiera de este existe un camino de cualquier longitud que va de uno a otro. Todo subgrafo fuertemente conexo de un grafo se denomina *componente fuertemente conexa*.

Este grafo es fuertemente conexo porque todos sus vértices son alcanzables desde cualquier otro vértice.

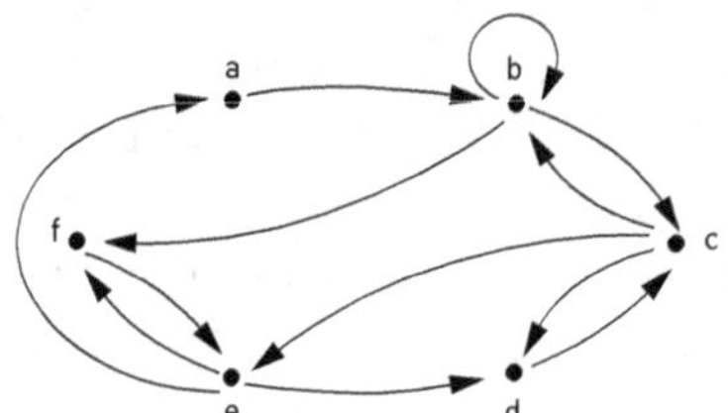

Ejemplo:

$V = \{a, b, c, d, e, f\}$

$A = \{(a,a); (a,b); (c,b); (c,d); (c,e); (d,c); (e,d); (e,f)\}$

(a,b) y (a,a); (c,d) y (c,e); (e,d) y (e,f): arcos adyacentes

(c,e,d): camino de longitud 2

(c,e,d,c,b): camino de longitud 4

(c,e,d,c): circuito de longitud 3

El subgrafo (c, d, e) es un componente fuertemente conexo.

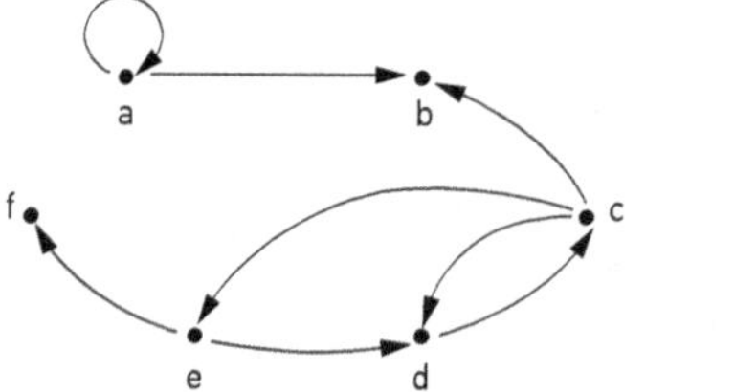

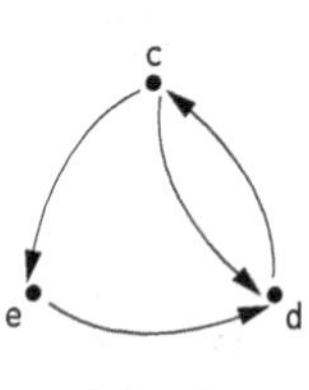

Subgrafo

Conceptos no orientados

—Arista: Existe una arista entre dos vértices *x* e *y* distintos del grafo si existe un arco que va de *x* a *y* y/o de *y* a *x*.

—Cadena: Sucesión de aristas adyacentes.

—Ciclo: Cadena finita en la que el vértice inicial coincide con el final.

Un grafo es *conexo* si entre dos vértices cualesquiera, distintos entre sí, existe una cadena.

Ejemplo:

{a,b}, {b,c}, {c,d}, {d,a}: aristas
{a,b,c}: cadena
{a,b,c,d,a}: ciclo

{a,b,c} es una cadena, pero no es un camino. El ciclo {a,b,c,d,a} no es un circuito.

Resumiendo, todo grafo fuertemente conexo es conexo, pero la recíproca no es cierta. En efecto, un grafo puede ser conexo si dados dos vértices cualesquiera de este existe una cadena que los une; pero no necesariamente será fuertemente conexo, ya que una cadena no es siempre un camino.

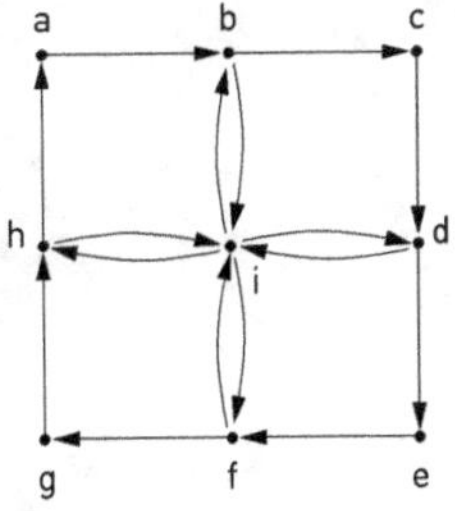

Este grafo fuertemente conexo representa un sistema de tránsito.

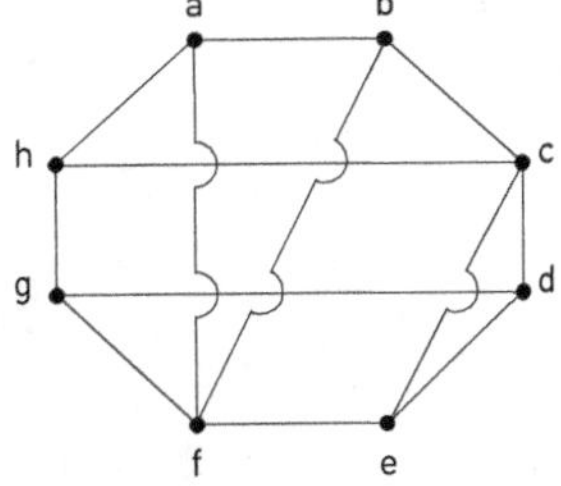

Este grafo, solamente conexo, representa un esquema de comunicaciones en un grupo humano.

Grafos planos

La siguiente figura representa un grafo donde los vértices *a*, *b* y *c* indican tres casas, y los vértices *e*, *f*, y *g* indican servicios de agua, luz y gas. ¿Puede dotarse a cada casa con los tres servicios, de manera que las conexiones no se crucen y estén en un mismo plano? Como puede apreciarse, la respuesta es negativa ya que, inevitablemente, la novena conexión cruzará alguna otra; ello se debe a que este grafo no es plano. Esto implica que, en el caso de enfrentarse con este problema en la realidad, sería imprescindible que una de las conexiones (por ejemplo, la eléctrica) fuera aérea en lugar de subterránea.[4]

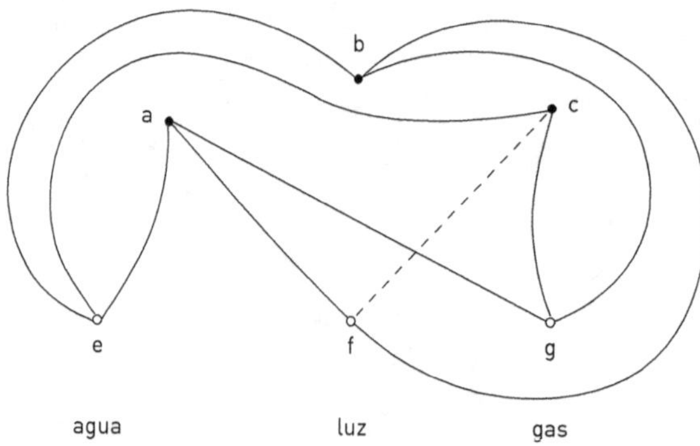

Un grafo es *plano* si existe un grafo isomorfo que puede dibujarse en el plano de modo que las aristas sólo se crucen en los vértices.

Los grafos de la figura aparentemente no son planos pues sus aristas se cortan.

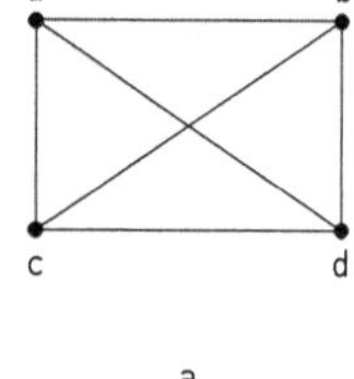

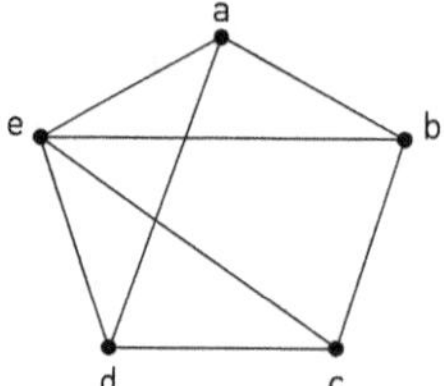

Es fácil encontrar dos grafos isomorfos a los anteriores en los que esto no sucede.

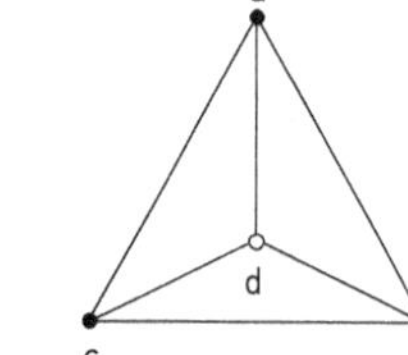

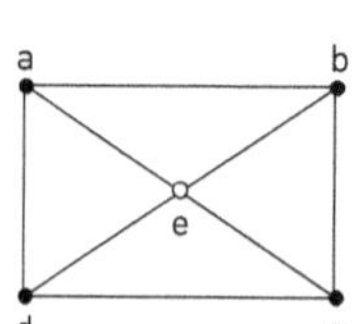

[4] Este problema es conocido como *el problema de las tres casas y las tres utilidades*.

Teorema de Kuratowski

El problema de encontrar un método eficaz para reconocer la planitud de un grafo, sin recurrir a sus posibles representaciones isomorfas fue resuelto por Kazimierz Kuratowski, notable matemático polaco, quien descubrió que existen solamente dos grafos no planos: el correspondiente al problema de las tres casas y las tres utilidades y el grafo de cinco vértices tales que cada vértice está conectado con los restantes. Al primer grafo se lo conoce como $K_{3,3}$; el segundo se denomina K_5.

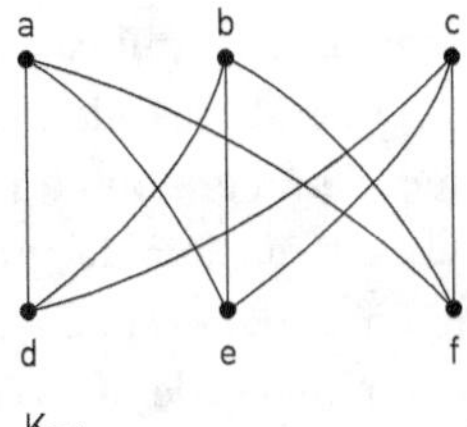

$K_{3,3}$

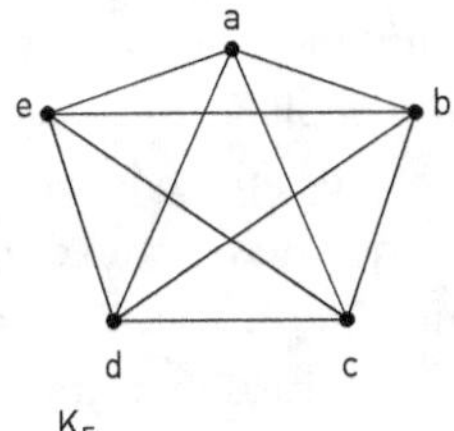

K_5

Estos grafos permiten definir toda una familia de grafos que no son planos. Basta con colocar sobre cada arista tantos vértices como se quiera para definir otros grafos no planos, que son del tipo $K_{3,3}$ o del tipo K_5. Entonces, la condición necesaria y suficiente para que un grafo sea plano es que no admita subgrafos ni del tipo $K_{3,3}$ ni del tipo K_5.

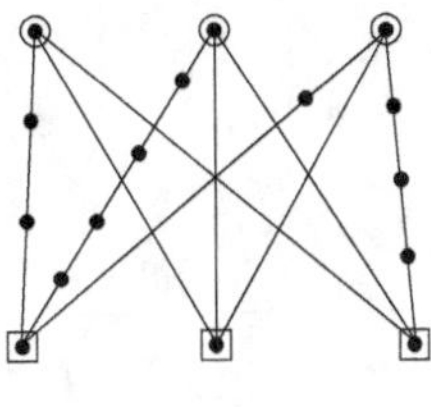

$K_{3,3}$

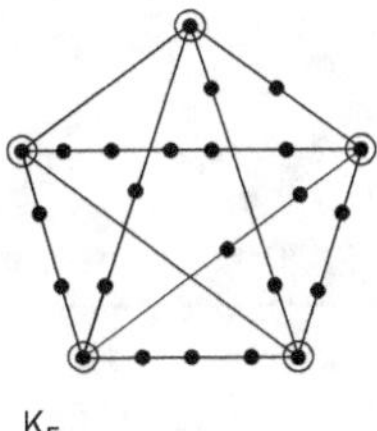

K_5

La planitud de un grafo de relaciones entre elementos prefijados de un proyecto arquitectónico es fundamental para su realización en planta. Estas relaciones pueden ser de acceso físico (puertas, pasillos, etcétera), acceso visual (ventanas, mamparas, etcétera), orientación geográfica (Norte, Sur, Este y Oeste), etcétera. Es preciso tener en cuenta que a cada esquema le corresponde (a menos de un isomorfismo) un grafo de adyacencias, y un grafo de adyacencias no plano no puede corresponder a una distribución real en planta.[5]

---

[5] También la planitud de un grafo tiene importantes aplicaciones en la tecnología informática actual. En efecto, los circuitos impresos, que son componentes habituales de dispositivos electrónicos tales como radios, estéreos, televisores y computadoras, se fabrican depositando trayectorias conductoras sobre una hoja de material no conductor. Dicho circuito puede imprimirse en una sola hoja solamente si el grafo del circuito es plano; esto significa ahorro de espacio, peso y costo.

Analizar la planitud de un grafo muy complejo mediante el criterio de Kuratowski puede llevar mucho tiempo, aun con una computadora. Hoy en día existen algoritmos de búsqueda de grafos $K_{3,3}$ o K_5, que se basan en el descarte de vértices. Solo vértices de grado mayor o igual que 4 son candidatos para el K_5, y solo vértices de grado mayor o igual que 3 son candidatos para el $K_{3,3}$.

Grafos poligonales

Llamaremos *grafo poligonal* a un grafo plano conexo que es reunión de ciclos y tal que existe un ciclo mínimo y otro máximo. Intuitivamente, eso significa que un grafo poligonal divide el plano en zonas poligonales. El interior de cada ciclo se llama cara; se supone que la parte infinita exterior que rodea al grafo es una cara, la cara del infinito, que tiene como ciclo limitante el ciclo máximo del grafo o polígono envolvente. En consecuencia, en todo grafo poligonal se cuenta no solamente el número de vértices V y el de aristas A, sino también el de caras C, incluida la cara del infinito.

Si se consideran los cinco poliedros regulares (tetraedro, octaedro, icosaedro, cubo y dodecaedro) se puede comprobar que, entre el número C de caras, el número V de vértices y el número A de aristas, vale la fórmula de Euler: $C + V = A + 2$
Es fácil verificar su validez en la siguiente tabla:

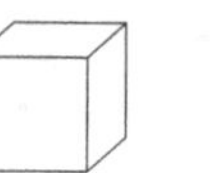

Nombre	Tetraedro	Octaedro	Icosaedro	Cubo	Dodecaedro
Polígonos que forman caras	Triángulos	Triángulos	Triángulos	Cuadrados	Pentágonos
V	4	6	12	8	20
A	6	12	30	12	30
C	4	8	20	6	12
Nº de aristas en cada vértice	3	4	5	3	3
Nº de aristas en cada cara	3	3	3	4	5

Pero la fórmula de Euler es también válida en cualquier grafo poligonal. Un grafo poligonal es *regular* si en cada vértice concurre igual número de aristas.

Un grafo poligonal es *regular* si en cada vértice concurre igual número de aristas.

Si, además de ser regular, tiene la propiedad de que cada cara posee el mismo número de aristas limitantes, se dice que el grafo es *completamente regular*. Los grafos completamente regulares no triviales son los asociados con los cinco poliedros regulares. Como en cada vértice, la suma de ángulos debe valer menos que 2π radianes o 360° y en cada vértice inciden por lo menos 3 caras, cada uno de los ángulos debe valer menos que $\frac{2}{3}\pi$ radianes o 120°. En consecuencia, los únicos polígonos que pueden intervenir en las caras tienen 3, 4 o 5 lados, ya que para el hexágono, el ángulo vale justo $\frac{2}{3}\pi$. Los ángulos de un cuadrado son rectos, esto es, en un vértice pueden concurrir a lo sumo 3 cuadrados. Del mismo modo, se ve que no pueden incidir más de 3 pentágonos. En cambio, pueden incidir en un vértice 3, 4 o bien 5 triángulos equiláteros, ya que con 6 triángulos equiláteros se tendría un ángulo de 2π.

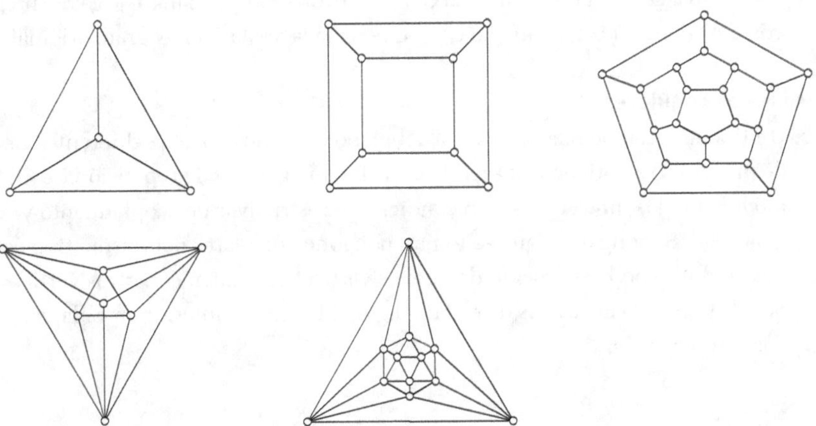

Configuraciones de los cinco grafos completamente regulares no triviales.

Grafos duales

Sea G un grafo plano y conexo. Si se construye un grafo G* tal que: a cada cara de G le corresponda un vértice de G*; a cada vértice de G le corresponda una cara de G*; a cada arista de G le corresponda una arista de G*, de modo tal que dos vértices de G* estén unidos por una arista si las caras correspondientes de G tienen una arista común; entonces G* es el *grafo dual* de G.

Para construir el grafo dual de un grafo dado, conviene seguir estos pasos:

a) Dentro de cada cara, incluida la cara del infinito, colocar un vértice;

b) Dos de estos vértices, sean a* y b*, se unen mediante una arista A* si están en caras adyacentes;

c) Cada arista A* se dibuja de modo que cruce solo a la arista A;

d) Si dos caras tienen varias aristas comunes, se traza igual número de aristas en el grafo dual.

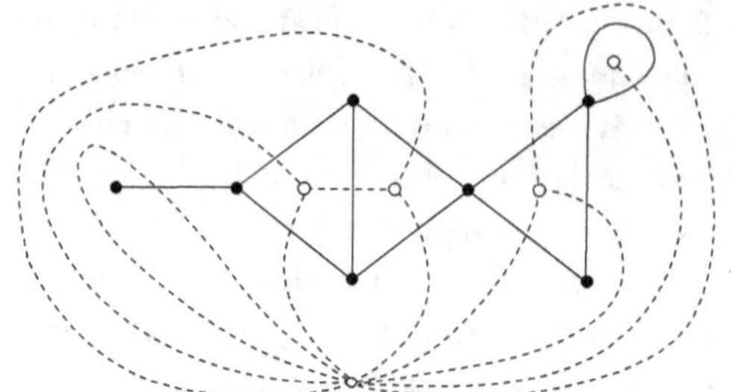

Grafo G y su dual G*
en línea punteada.

Dado un grafo plano y conexo G, si se construye su grafo dual G* y luego el dual G** de G*, G y G** son isomorfos. En el caso de un grafo p-coloreado, resulta que su dual es otro grafo con igual coloración, obtenida cuidando de colorear cada arista A* del dual con el mismo color que tenía la arista A en el grafo original.

Mosaicos regulares

Un tipo especial de recubrimiento del plano es el mosaico. Los diferentes tipos de mosaicos se obtienen siguiendo un principio general de repetición de un módulo en dos direcciones, con condiciones restrictivas de acoplamiento y regularidad. Supongamos que se toman polígonos regulares del mismo tipo como módulo, con la condición de que los vértices se toquen con otros vértices. Sea n el número de aristas de cada polígono. El ángulo interior en cada vértice del polígono vale:

$$\frac{n-2}{n}\, 180°$$

En cada vértice se tendrá el siguiente número de polígonos:

$$\frac{360°}{\dfrac{n-2}{n}\, 180°} = \frac{2n}{n-2} = 2 + \frac{4}{n-2}$$

Como este número debe ser entero, para $n > 2$, n tiene que ser igual a 3, 4 o bien 6. Ello significa que el plano puede recubrirse totalmente con mosaicos triangulares, cuadrados o hexagonales.

 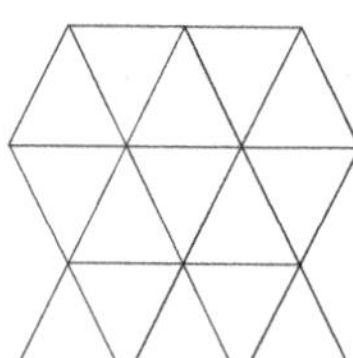 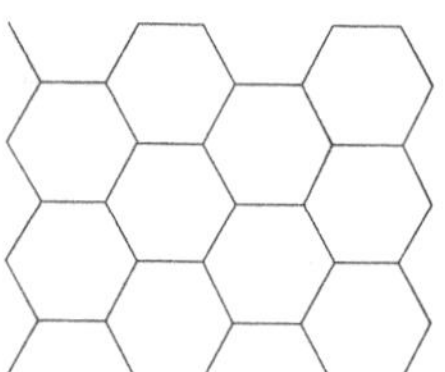

Cada uno de estos mosaicos es un grafo poligonal; se ha probado que si se desea cubrir el plano con polígonos regulares congruentes que se toquen vértice con vértice, dichos polígonos deben tener 3, 4 o 6 aristas. Como la demostración anterior no depende de ninguna propiedad geométrica de las figuras generadoras del mosaico, se puede también cubrir el plano con grafos isomorfos a los anteriores.

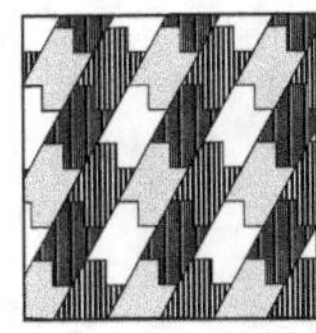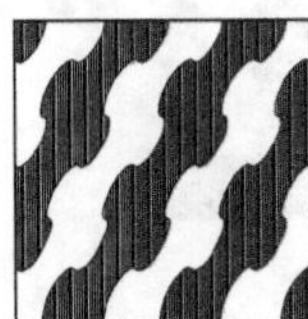

Mosaicos de grafos isomorfos.

Coloración de grafos

El problema de los 4 colores se remonta a 1852 cuando Francis Guthrie, tratando de colorear un mapa de los condados de Inglaterra, notó que 4 colores bastaban. Preguntó a su hermano Frederick si era cierto que cualquier mapa podía colorearse con 4 colores, de modo que regiones adyacentes llevaran distinto color. Frederick desconocía la respuesta y presentó esta conjetura al matemático inglés Augusto de Morgan. De este planteo, en apariencia trivial, surgió uno de los problemas más importantes de la teoría de grafos: el *problema de los 4 colores*.

Un mapa geográfico puede considerarse como un grafo donde los vértices son los puntos en que se unen tres o más líneas, y las aristas son las líneas que constituyen la frontera de cada territorio. Como los mapas posibles son muy numerosos, es preciso plantear el problema de la coloración dentro de la teoría general de grafos, considerando el mapa que describe cualquier grafo poligonal. Entonces se trata de lo siguiente: dado un mapa cualquiera, hallar la mínima cantidad de colores necesarios para colorearlo de forma tal que las zonas con frontera común tengan colores diferentes.

Aplicando la fórmula de Euler, se pudo probar que con 5 colores el problema era resoluble, aunque curiosamente, nunca se encontró un mapa para el que se necesitaran 5 colores. Dos colores bastan para colorear los cuadrados de un tablero de ajedrez, y tres bastan para colorear un mapa hexagonal. Pero si se quiere colorear el océano que lo rodea, se precisan 4 colores.

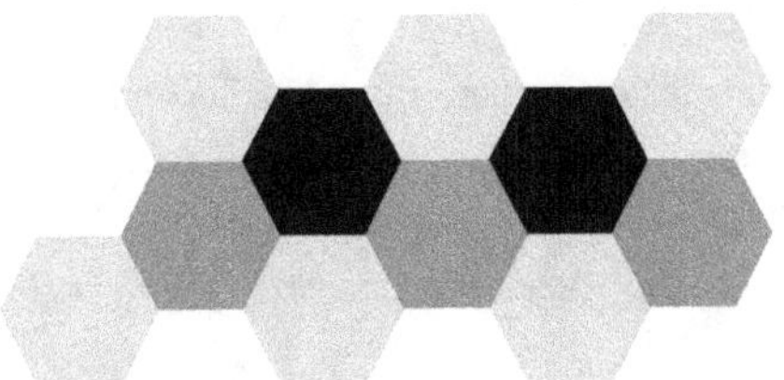

De igual modo, para colorear el mapa de 7 regiones de la siguiente figura, se necesitan también 4 colores.

También se puede imaginar un mapa de 4 regiones para el cual se necesiten 4 colores.

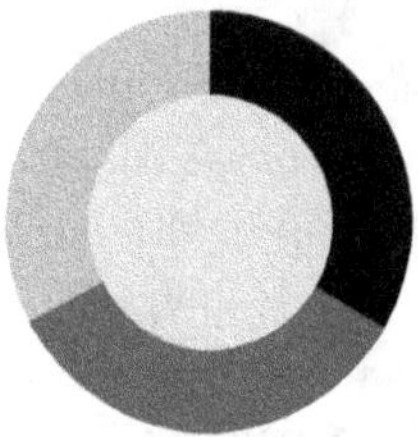

La conjetura de que 4 colores bastan para cualquier mapa poligonal no pudo ser demostrada hasta 1976 en que dos matemáticos norteamericanos, Wolfgang Haken y Kenneth Appel de la Universidad de Illinois, anunciaron haber probado la conjetura mediante el uso de ordenadores. La demostración es larga y engorrosa, pero es correcta y su importancia radica no solo en haber resuelto un problema centenario, sino en abrir nuevos y fructíferos rumbos en la aplicación de recursos tecnológicos a la solución de problemas reales.

Aplicaciones al diseño y la síntesis

Trabajar con grafos en un proyecto arquitectónico permite visualizar en forma explícita las conexiones para estudiar y optimizar el edificio que se debe diseñar. Es posible, por ejemplo, utilizarlos en el estudio del vínculo visual, acústico o térmico, y de todo otro tipo de interacción entre los locales. Es factible, además, proyectar las instalaciones, su tendido y sus interconexiones.

Una aplicación directa

Los grafos pueden ser inicialmente aplicados de manera muy sencilla en la representación arquitectónica. Dicha aplicación consiste en el dibujo de un diagrama de vértices en el cual los vértices del grafo representan locales o áreas de uso, y las aristas indican el vínculo de conexión de paso entre los espacios.

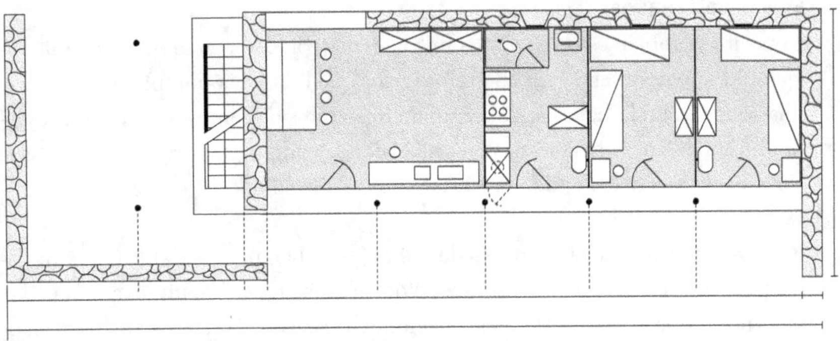

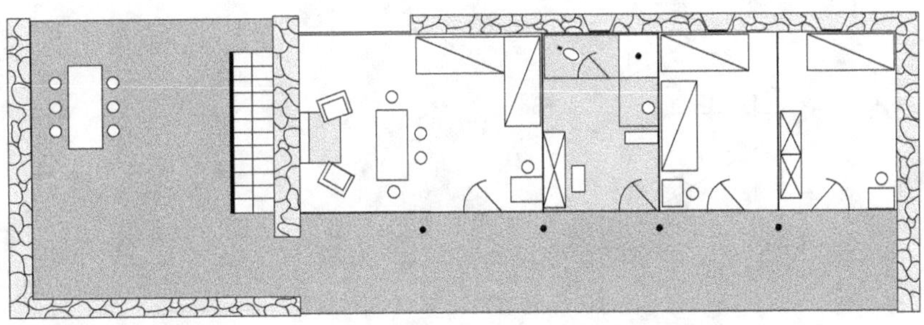

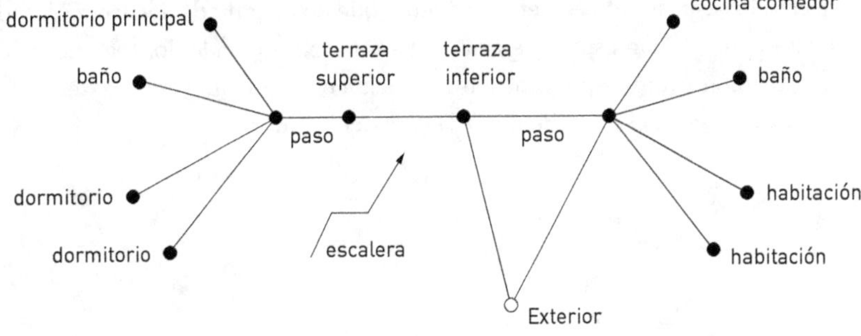

Maison aux Mathes de
Le Corbusier
junto con su grafo
de conexión de paso.

En estos grafos, las divisiones entre los espacios no son representadas en forma directa, sino que se indican por medio de los vínculos de vecindad. Obviamente, este tipo de grafo de una planta exige ser plano, pues si no lo fuera no podría ser realizable. Si se opera con más de un nivel, será necesario no solo realizar las conexiones horizontales, sino también las verticales. En ese grafo, además, deberá incluirse un vértice correspondiente al exterior.

Grafos p-coloreados

Es posible también estudiar varios tipos de interconexión en un mismo grafo, por ejemplo, superponiendo varios grafos en los que la conexión implique cuestiones relacionadas. En la figura se superponen tres grafos de conexiones que representan las conexiones circulatorias en una vivienda compuesta por cinco espacios básicos: estar, hall distribuidor, dormitorio, cocina y baño.

Para cada vínculo, se evalúa si es deseable (línea llena), indeseable (línea de rayas) o indiferente (línea de puntos). Nótese que, en este ejemplo, además de incorporar el vértice exterior, se consideran todas las conexiones posibles, ya que cada nodo está ligado por aristas a los restantes.

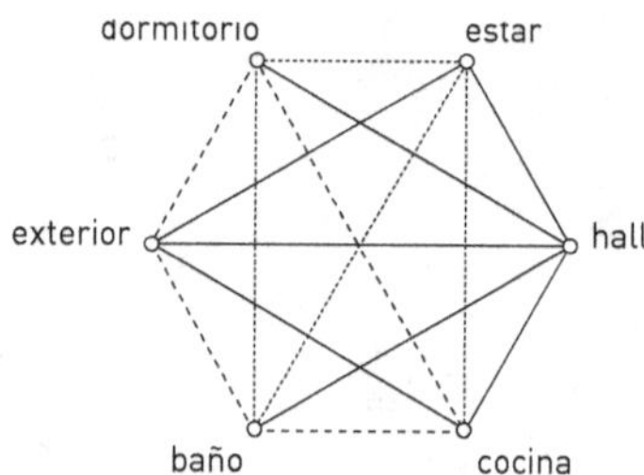

Grafo dual

El dual de un grafo de adyacencias también tiene importante aplicación arquitectónica, ya que plantea un organigrama más directo acerca de cómo se interconectan los espacios. Si se tiene en cuenta que en el grafo de adyacencias cada nodo representa un espacio, en su dual estará representado por regiones (o caras), de modo que se aproxime a un esquema de planta. El vértice exterior deberá representarse en el grafo dual por la cara del infinito.

En línea llena y vértices llenos, se muestran las adyacencias entre cinco eventuales espacios de una vivienda. El dual ya empieza a plantear un anticipo de estructuración de planta.

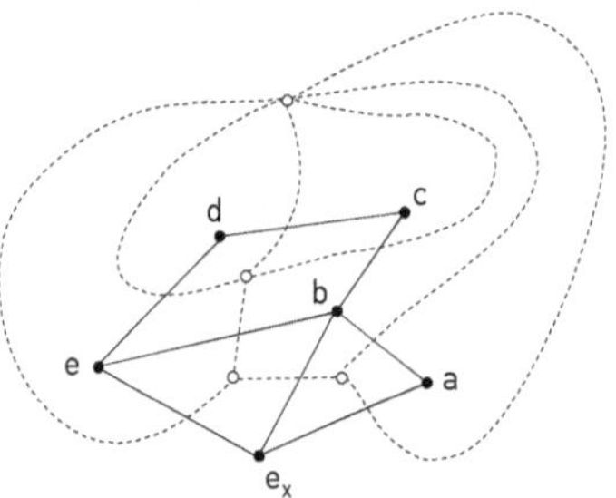

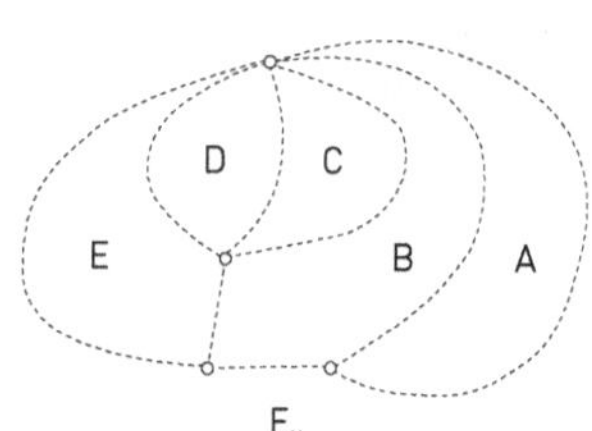

Los grafos y el diseño industrial

Uno de los aspectos del proceso proyectual del diseño industrial es el estudio de la estructura del producto y de sus funciones. En el desarrollo de un producto –particularmente en el caso del rediseño– se pueden utilizar grafos para mostrar la conformación estructural o formal. Dichos grafos se construyen ubicando en el primer nodo el producto que es objeto de análisis, sin descomponer, y en los siguientes nodos, los subsistemas constitutivos en el orden correspondiente. Este análisis permite descomponer un problema complejo en distintos subsistemas o módulos, hacerlo más manejable y localizar más fácilmente los subsistemas estratégicos.

Morfogramas

En el análisis formal de un objeto, es decir, en el momento en que se individualizan los problemas de una configuración determinada, es necesario destacar aquellos elementos que caracterizan el producto. Una vez identificados estos elementos, es posible presentar para cada uno de ellos las variantes formales utilizando grafos, que en este caso reciben el nombre de *morfogramas*, y que ilustran la variedad alternativa formal que se le presenta al proyectista.

Esquema de las partes constitutivas de una lapicera de dibujo.

El análisis del capuchón de la lapicera se muestra en el siguiente morfograma que representa las distintas alternativas de diseño y sus combinaciones posibles.

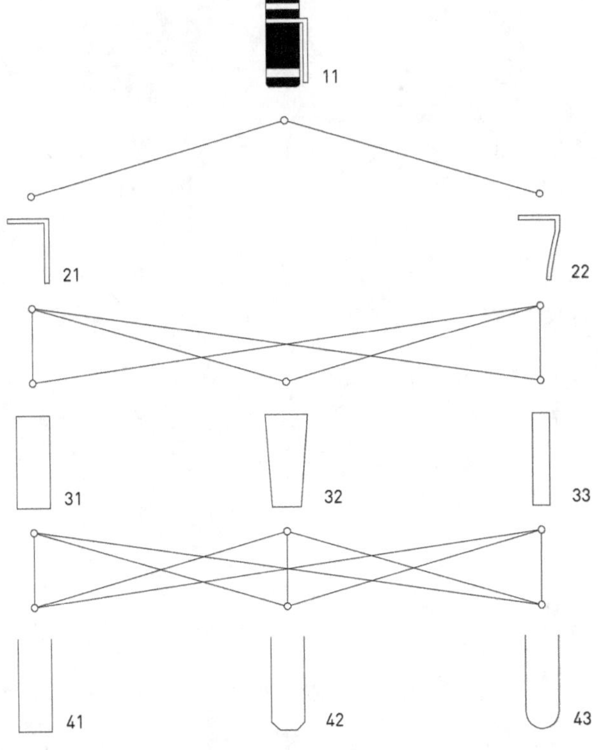

11 esquema base del broche en el capuchón
21 recto
22 curvo
31 rectangular
32 trapezoidal
33 lineal
41 ortogonal
42 achaflanado
43 semicircular.

03. Teoría de la simetría

La simetría significa reposo y ataduras, la asimetría, movimiento y soltura; la una, orden
y ley; la otra, arbitrariedad y accidente; la una, rigidez formal y coacción; la otra, vida,
juego y libertad.
DAGOBERT FREY (1883 - 1962)

Introducción

Según el diccionario,[1] simetría es la correspondencia exacta de la disposición
de las partes de un todo. Históricamente el concepto de simetría ha estado ligado a los conceptos de belleza y armonía. En biología se habla de simetría bilateral, tan evidente en la estructura de los animales superiores. En el mismo
diccionario la definición geométrica de simetría habla de la correspondencia
exacta en la disposición regular de las partes, puntos de un cuerpo o figura con
relación a un centro, un eje o un plano.

Se dice que una configuración espacial es simétrica respecto de un plano E dado
si puede superponerse sobre sí misma por reflexión en dicho plano. Tomando
una recta cualquiera r ortogonal al plano y un punto P sobre la recta, existe uno
y solo un punto P' sobre la recta que está a la misma distancia del plano que P,
pero del otro lado del plano.[2]

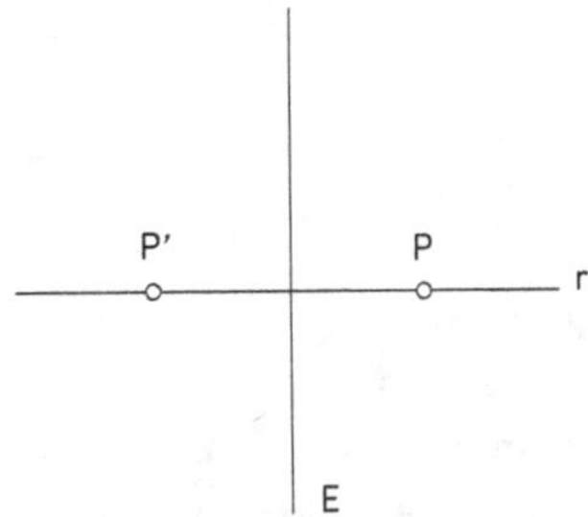

Si volvemos al diccionario, asimetría es falta de simetría, pero rara vez es esta
una mera ausencia de simetría. Incluso en los diseños asimétricos, se siente la

[1] Cf. Diccionario de la Real Academia Española versión digital www.rae.es.
[2] El principio de simetría bilateral rige la composición heráldica que distingue a las expresiones
de arte antiguo de Sumeria, Asiria, Persia, Babilonia y otros pueblos de la Mesopotamia Asiática
Occidental y de Egipto.

simetría como la norma a partir de la cual se produce la desviación, bajo la influencia de fuerzas de tipo no formal.[3]

Simetría traslatoria, rotatoria y afín

Una aplicación S del espacio asocia a cada punto P otro punto P' que es su imagen. Por ejemplo, la identidad I que aplica cada punto sobre sí mismo. Dadas dos aplicaciones S y T, pueden efectuarse una después de la otra. Si S aplica el punto P en el P', y T el P' en P", entonces la aplicación resultante (que se llama *composición* y se indica como ST) aplica P en P".

Una aplicación S puede tener una inversa S^{-1} tal que $SS^{-1} = I$ y también $S^{-1}S = I$. La reflexión en un plano, operación básica de la simetría bilateral, es tal que su composición SS resulta la identidad I, es decir, es su propia inversa.

En general, la composición de aplicaciones no es conmutativa. ST no tiene por qué ser igual a TS. La composición de dos aplicaciones S y T es otra transformación y su inversa vale $(ST)^{-1} = T^{-1} S^{-1}$.

Para comprender esta regla, se puede utilizar un ejemplo que quizás resulte familiar: cuando uno se viste, no es indistinto el orden en que se realizan las operaciones; si al vestirse se comienza por la camisa y se termina por el saco, al desvestirse, se sigue el orden inverso.

Cualquier conjunto G de transformaciones se dice que *forma grupo* si cumple las siguientes condiciones:

$I \in G$

$Si\ S \in G \Rightarrow S^{-1} \in G$

$Si\ S \in G \wedge T \in G \Rightarrow ST \in G$

Según Newton y Helmholtz, dos regiones del espacio son *congruentes* si pueden ser ocupadas por un mismo cuerpo rígido en dos de sus posiciones. Las transformaciones congruentes forman grupo. El tipo más simple de congruencias son las traslaciones. Una traslación puede representarse por el vector $\overrightarrow{AA'}$. Las traslaciones también forman grupo, ya que la sucesión de dos traslaciones $\overrightarrow{AB}$ y $\overrightarrow{BC}$ es la traslación $\overrightarrow{AC}$.

[3] Dondequiera que Dios esté representado como símbolo de la verdad o la justicia, aparece de frente y no de perfil. Hay que tener presente que desde el punto de vista filosófico, la izquierda y la derecha son indiscernibles, como decía Leibniz. El distingo entre izquierda y derecha en el espacio depende de la orientación de una hélice, dextrógira o levógira. De este concepto depende toda la teoría de la Relatividad de Einstein, que no es más que otro aspecto de la teoría de la simetría.

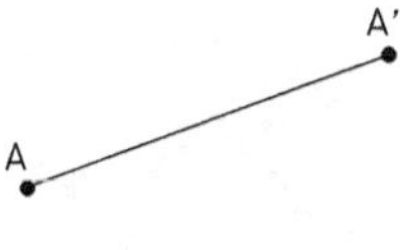

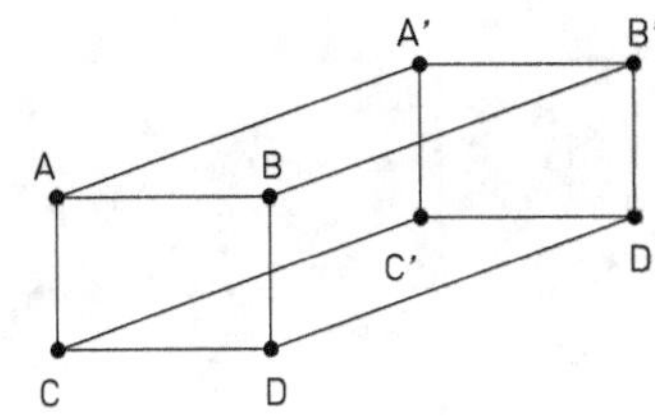

Una congruencia que deja fijo un punto O es una rotación alrededor de O. Las rotaciones alrededor de un punto también forman grupo.

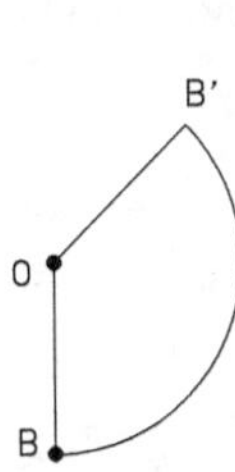

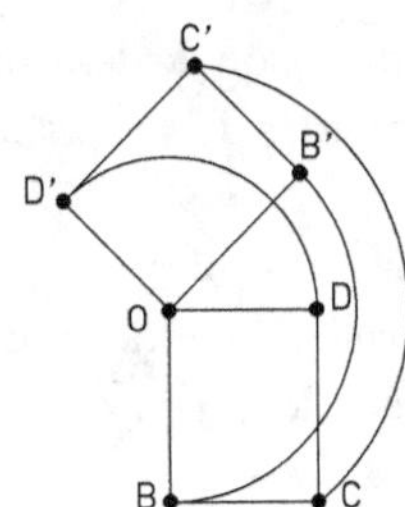

Dada una configuración espacial F, los movimientos del espacio que dejan F invariante forman un grupo de simetrías, y este grupo describe exactamente las simetrías de F. La simetría de una figura cualquiera del espacio queda descrita por un subgrupo de dicho grupo.

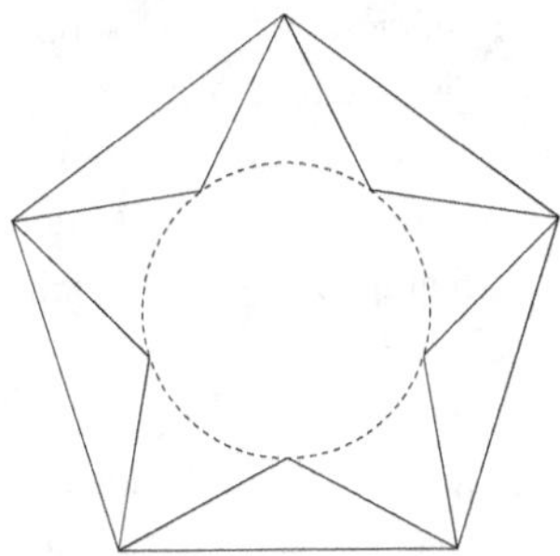

La famosa estrella pentagonal con la que el Doctor Fausto conjuró a Mefistófeles puede ser llevada a coincidir consigo misma mediante 5 rotaciones cuyos ángulos son múltiplos de $\frac{360°}{5}$ y las 5 reflexiones respecto de las rectas que unen el centro con los 5 vértices. Estas 10 operaciones forman grupo y este grupo indica qué clase de simetría posee esta estrella.

Una configuración posee simetría traslatoria si es invariante respecto de una traslación. En arte ornamental, esta simetría se llama *razón infinita*, esto es, repetición con un ritmo espacial regular. Existen numerosos ejemplos de simetría traslatoria en arquitectura.

Dada una figura F, sea S(F) el grupo de simetrías de F, se dice que F es un friso si se cumple:

Friso del Palacio de Dario en Susa.

Perspectiva del Palacio de los Dogos en Venecia.

a) Existe una recta R que indica la dirección de desarrollo del friso y que debe quedar invariante ante todas las simetrías del grupo S(F);

b) Existe una traslación T_a de vector $\vec{a}$ no nulo y dirección igual a la de la recta R, que indica el paso del friso, tal que cualquier otra traslación T_b que deje invariante al friso debe ser un múltiplo entero del vector $\vec{a}$.

Una configuración plana posee simetría rotatoria alrededor de un punto si la aplicación sucesiva de una operación única de rotación la lleva a coincidir consigo misma. Las figuras más simples que poseen este tipo de simetría son los polígonos regulares. En el espacio, una figura posee simetría rotatoria en torno a un eje R si todas las rotaciones alrededor de R la llevan a coincidir consigo misma. Por ejemplo, sea una banda ornamental cuyo motivo repetido es de longitud a y es envuelta alrededor de un cilindro cuya base sea un múltiplo de a (o sea, que se puede expresar como $n\,a$). Se obtendrá así una configuración que se superpone sobre sí misma mediante una rotación alrededor del eje del cilindro en un ángulo $\alpha = \frac{360°}{n}$ y sus múltiplos. La rotación n-ésima es la rotación en un ángulo de 360°, es decir, la identidad. Se obtiene así un grupo finito de rotaciones de orden n; esto es, integrado por n operaciones. El cilindro puede reemplazarse por cualquier superficie de rotación alrededor de un eje (por ejemplo, un vaso o un ánfora).

Todas las transformaciones anteriores son casos particulares de la afinidad. La propiedad fundamental de las afinidades es que conservan la razón simple de 3 puntos alineados; esto es, dados tres puntos P, Q y R, conservan la razón $\frac{PR}{QR}$.

El movimiento rígido más general en el espacio tridimensional es el movimiento helicoidal, que es la combinación de un movimiento de rotación alrededor de un eje con el de traslación a lo largo del mismo eje. Durante el movimiento uniforme continuo, cualquier punto que no esté sobre el eje describe una hélice. Los estados por los que pasa un punto en tiempos equidistantes están distribuidos sobre la hélice como los peldaños de una escalera caracol.

El número de oro

Experimentalmente se ha encontrado que las fracciones que representan la disposición helicoidal de las hojas, o filotaxia[4], forman parte de la llamada sucesión de Fibonacci:[5]

1, 1, 2, 3, 5, 8, 13, 21, 34, 55, 89, 144, ...

en la que cada término se obtiene sumando los dos inmediatamente precedentes.

Considérese $u_0 = 1$; $u_1 = 1$; $u_n = u_n-1 + u_n-2$:

$$\lim_{n \to \infty} = \frac{u_{n+1}}{u_n} = 1{,}618...$$

Este número se denomina *número de oro* y se lo simboliza con la letra griega ϕ.[6] El número de oro corresponde matemáticamente a la división de un segmento en media y extrema razón. En efecto, sea el segmento $\overline{AB}$ que se quiere dividir mediante un punto C en dos partes de manera que

$$\frac{\overline{AB}}{\overline{AC}} = \frac{\overline{AC}}{\overline{CB}}$$

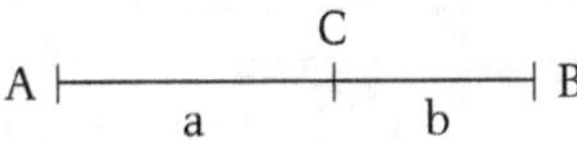

Llamando $\overline{AC} = a$; $\overline{CB} = b$ se tiene la relación:

$$\frac{a+b}{a} = \frac{a}{b}$$

o también:

$$1 + \frac{b}{a} = \frac{a}{b}$$

Esta igualdad se puede escribir, indicando con $x = \frac{a}{b}$ como:

$$1 + \frac{1}{x} = x$$

de donde resulta:

$$x^2 = 1 + x$$
$$x^2 - x - 1 = 0$$

[4] En la Naturaleza, las hojas dispuestas alrededor del vástago de una planta adoptan con frecuencia un ordenamiento en espiral. Goethe ya hablaba de una tendencia de la naturaleza hacia la espiral, y este fenómeno se llama filotaxia.

[5] Fibonacci, hijo de Bonaccio, era el seudónimo del matemático Leonardo de Pisa, autor del Liber Abaci, publicado en 1202 y considerado por los historiadores como el más autorizado matemático europeo de la Edad Media.

[6] Inicial de Fidias, escultor griego que usó dicho valor en sus esculturas.

Esta ecuación de segundo grado en x, tiene como solución positiva el siguiente valor que no es más que el número de oro ϕ.

$$x = \frac{1 + \sqrt{5}}{2} = 1{,}618...$$

$\phi = 1{,}618...$

Se puede obtener también el número de oro, como el cociente de las longitudes de una diagonal y un lado de un pentágono regular.

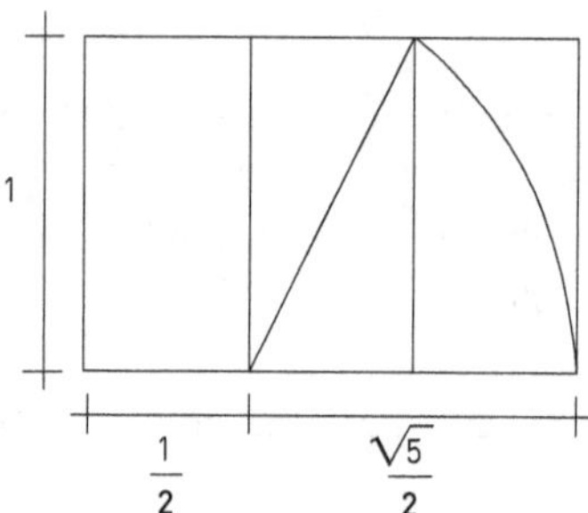

Una construcción geométrica muy simple del número de oro con regla y compás.

La sección áurea

Un rectángulo se llama *áureo* si sus lados están en la relación 1: 1,618... (1: ϕ). Un rectángulo áureo puede dividirse en un cuadrado y un nuevo rectángulo áureo menor. Si se agrega al lado mayor de un rectángulo áureo un cuadrado de lado igual al propio lado mayor, se vuelve a obtener un rectángulo áureo. El descubrimiento de la sección áurea se atribuye a Pitágoras, que creyó haber encontrado una expresión matemática de aquel principio de analogía, que es el fundamento de la evolución cultural de nuestra civilización. Se piensa que en la época de la Roma imperial ya se usaba la sección áurea en los proyectos arquitectónicos. El interés por la sección áurea fue muy intenso en el Renacimiento. Luca Pacioli la llamó *proportio* divina. Kepler notó su importancia en botánica y en cosmología y la llamó *sectio* divina y, finalmente, Leonardo da Vinci le dio el nombre de *sección áurea*. El declinar del Renacimiento produjo una disminución del interés en la sección áurea y solo se la citaba a título de curiosidad matemática. Al comenzar el siglo xx, en razón de las nuevas tendencias artísticas hacia la abstracción, se vuelve a impulsar el interés por la sección áurea. *Section d'Or* (sección de oro) fue el nombre con que se denominó, en un principio, la escuela cubista, algunos de cuyos miembros eran matemáticos. De allí volvió a la práctica arquitectónica gracias a Le Corbusier, quien ideó un sistema proporcional al que llamó Modulor (derivado de *module*, unidad de medida, y *section d'or*, sección áurea) y que consiste en dos sucesiones de Fibonacci interrelacionadas, la serie roja y la serie azul. La dimensión básica de la serie roja es 183 centímetros, la altura ideal del hombre, y la de la serie azul, 226 centímetros, la altura del hombre con el brazo levantado.

Dividiendo 226 por 2 se obtiene 113 centímetros, que es el término inmediatamente precedente a la dimensión básica de 183 de la serie roja. A partir de los dos términos consecutivos, es posible hallar toda la serie roja, y los términos de la serie azul se obtienen duplicando los correspondientes de la serie roja.

Serie roja: 6, 5, 11, 16, 27, 43, 70, 113, 183, 296, ...

Serie azul: 12, 10, 22, 32, 54, 86, 140, 226, 266, ...

Le Corbusier usó su Modulor en numerosos proyectos: la sede de las Naciones Unidas en Nueva York, una unidad de vivienda en el Boulevard Michelet en Marsella, entre otros.

Los números metálicos

El *número de oro* no es el único número importante desde el punto de vista científico y artístico; es el miembro más notable de una familia de números irracionales cuadráticos [7] positivos, que son soluciones de ecuaciones cuadráticas del tipo:

$$x^2 - nx - 1 = 0$$

$$x^2 - x - n = 0$$

donde *n* es un número natural.

Todos los miembros de esta familia gozan de importantes propiedades matemáticas comunes que los convierten en entes fundamentales en un gran número de investigaciones, que abarcan desde la transición del orden al caos hasta su uso como base en distintos sistemas de proporción en diseño. La familia ha sido llamada por Spinadel (1998) la *familia de números metálicos*. El nombre se debe a que al número de oro le siguen el número de plata, el número de bronce, el número de cobre, el número de níquel, etc.

Al ser números irracionales, todos ellos deben ser aproximados por cocientes de números enteros en las aplicaciones. Ello se logra mediante sus correspondientes desarrollos en fracciones continuas. Así, por ejemplo:

1) El número de oro ϕ es la solución positiva de la ecuación

$$x^2 - x - 1 = 0$$

[7] Los números irracionales cuadráticos son aquellos números irracionales expresados como raíces cuadradas, $\sqrt{2}$, $\sqrt{3}$, $\sqrt{5}$, etc.

$$\phi = 1 + \cfrac{1}{1 + \cfrac{1}{1 + \cdots}} = [1, 1, \ldots] = [\overline{1}]$$

$$= \frac{1 + \sqrt{5}}{2}$$

2) El número de plata σ_{Ag} es la solución positiva de la ecuación:

$$x^2 - 2x - 1 = 0$$

$$\sigma_{Ag} = 2 + \cfrac{1}{2 + \cfrac{1}{2 + \cdots}} = [2, 2, \ldots] = [\overline{2}]$$

$$= 1 + \sqrt{2}$$

3) El número de bronce σ_{Br} es la solución positiva de la ecuación:

$$x^2 - 3x - 1 = 0$$

$$\sigma_{Br} = 3 + \cfrac{1}{3 + \cfrac{1}{3 + \cdots}} = [3, 3, \ldots] = [\overline{3}]$$

$$= \frac{3 + \sqrt{13}}{2}$$

4) El número de cobre σ_{Cu} es la solución positiva de la ecuación:

$$x^2 - x - 2 = = 0$$

$$\sigma_{Cu} = 2 = [2, 0, 0, \ldots]$$

5) El número de níquel σ_{Ni} es la solución positiva de la ecuación:

$$x^2 - x - 3 = 0$$

$$\sigma_{Ni} = 2 + \cfrac{1}{3 + \cfrac{1}{3 + \cdots}} = [2, 3, 3, \ldots] = [2, \overline{3}]$$

$$= \frac{1 + \sqrt{13}}{3}$$

Obviamente, todos estos desarrollos constan de un número infinito de términos, siendo algunos periódicos puros,[8] como en los casos de los números de oro, plata y bronce, y otros simplemente periódicos, como en los casos de los números

---

[8] Los números periódicos puros son aquellos números donde desde el primer decimal, un número, o grupo de números, se repite ilimitadamente (por ejemplo: 3,838383...).

de cobre y de níquel. En cambio, el desarrollo de cualquier número racional es siempre finito, por ejemplo:

$$\frac{18}{7} = 2 + \cfrac{1}{1 + \cfrac{1}{1 + \cfrac{1}{3}}} = [2, 1, 1, 3]$$

Se puede demostrar que las sucesiones numéricas obtenidas tomando distintas aproximaciones racionales, calculadas mediante la descomposición en fracciones continuas, gozan de propiedades aditivas, pero simultáneamente son progresiones geométricas, característica que las convierte en ideales para ser base de muchos sistemas de proporciones.

Proporciones significativas en diseño

La proporción áurea $\phi:1$ se encuentra presente en la historia de la cultura humana, partiendo de la temprana prehistoria y siguiendo con el arte sacro en Egipto, la India, China, todo el Islam y otras civilizaciones tradicionales, hasta el movimiento de la Bauhaus y el Modulor de Le Corbusier en pleno siglo xx.

Tras la proporción áurea se encuentra la proporción de plata $\sigma_{Ag}:1$, que también estuvo presente en el diseño a toda escala, desde las dimensiones de los atrios hasta las edificaciones individuales de las casas romanas. Por ejemplo, Carol y Donald Watts (1986), una pareja de arquitectos norteamericanos, han estudiado con todo detalle las ruinas de las casas-jardín de Ostia, famoso puerto del Imperio Romano, y llegaron a la conclusión de que estaban enteramente diseñadas siguiendo la proporción de plata $\sigma_{Ag}:1$. Asimismo, esta proporción se usó en numerosos ejemplos de música clásica europea (Beethoven, Mozart, Haydn, Béla Bartok).

Surge inmediatamente la pregunta de por qué, entre los varios números metálicos, los de la proporción áurea y de la proporción de plata son los encontrados con mayor frecuencia. La respuesta es:

a) Porque son los primeros miembros de la familia de números metálicos, basados en dos números cuyos desarrollos en fracciones continuas son los más simples posibles.

$$\phi = [\overline{1}]$$

$$\sigma_{Ag} = [\overline{2}]$$

b) ϕ está asociado con la geometría pentagonal, y σ_{Ag} con la octogonal. Quizás el resto de los miembros de la familia de números metálicos estén asociados con algún tipo de configuración geométrica, pero ese tema no ha sido desarrollado aún, salvo en el caso de $\sqrt{3}$ que resulta la diagonal de un cubo de aristas iguales a 1.

04. Aplicaciones de derivadas e integrales

Allí donde hay número hay belleza y estamos en la vecindad inmediata del arte.
ANDREAS SPEISER (1885 - 1970)

Crecimiento y decrecimiento de funciones

La *derivada* de una función $y = f(x)$ en un punto x_0 de su dominio, indicada por $f'(x_0)$, es un número real que mide la pendiente de la recta tangente a la curva que representa la función. El valor numérico de la derivada será un elemento esencial para estudiar el crecimiento y el decrecimiento de funciones.[1]

Funciones crecientes y decrecientes

La función $y = f(x)$ es *creciente* en un intervalo (a, b) si para todo par de puntos x_1, x_2, que pertenecen al intervalo (a, b) y tales que $x_1 < x_2$, resulta $f(x_1) < f(x_2)$.

Análogamente, $y = f(x)$ es *decreciente* en un intervalo (a, b) si para todo par de puntos x_1, x_2, que pertenecen al intervalo (a, b) y tales que $x_1 < x_2$, resulta $f(x_1) > f(x_2)$.

Si la función $f(x)$ es creciente o decreciente en el intervalo (a, b) se dice que la función es *monótona* en dicho intervalo. En el caso de funciones derivables, el crecimiento o el decrecimiento de la función $f(x)$ está ligado con el signo de su función derivada $f'(x)$.

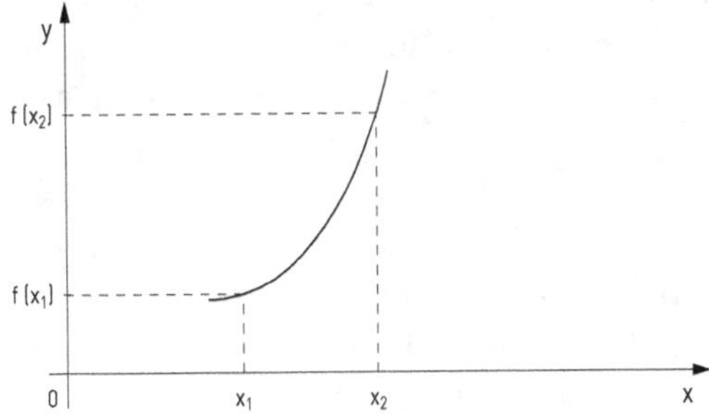

Función creciente

[1] Ver la tabla de derivadas en el anexo de este libro.

Cuando la función es creciente, la recta tangente a la curva en un punto forma con el eje de las *x* un ángulo menor que 90°. Como la tangente trigonométrica de dicho ángulo es positiva, el valor de la derivada en ese punto también será positivo.

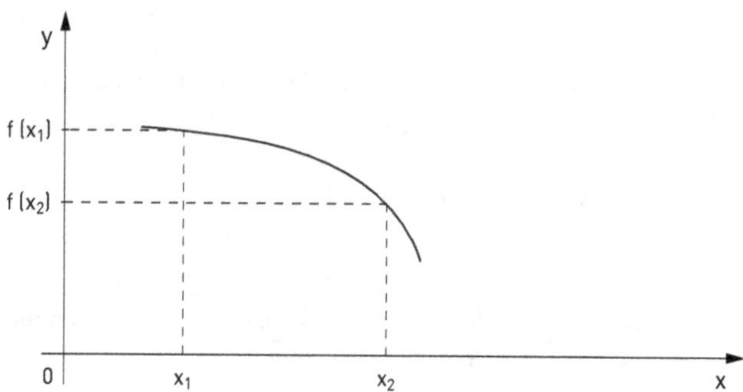

Función decreciente

Cuando la función es decreciente, la recta tangente a la curva en un punto forma con el eje de las *x* un ángulo mayor que 90°. La tangente trigonométrica de dicho ángulo es negativa; el valor de la derivada en ese punto también será negativo.

En conclusión:

Si $f'(x) > 0$ para todo $x \in (a, b)$, entonces $f(x)$ es creciente en (a, b).

Si $f'(x) < 0$ para todo $x \in (a, b)$, entonces $f(x)$ es decreciente en (a, b).

Concavidad de las funciones

Dada la función $y = f(x)$, como su derivada $y' = f'(x)$ es una nueva función de x, puede considerarse a su vez su derivada, hallando así la derivada segunda, $y'' = f''(x)$. El signo de la derivada segunda está relacionado con la concavidad de la función.

Sea un punto M en el gráfico de una función $y = f(x)$, donde la recta tangente no sea paralela al eje de las *y*. En el punto M la curva es cóncava hacia las *y* positivas, o más brevemente, cóncava hacia arriba, si todos los puntos suficientemente próximos al M están situados por encima de la recta tangente *t*. El coeficiente angular tg φ de la recta tangente aumenta al crecer la abscisa *x* del punto M; esto es, la función $m = \text{tg } \varphi = f'(x)$ resulta creciente; su derivada $f''(x)$ será positiva o nula.

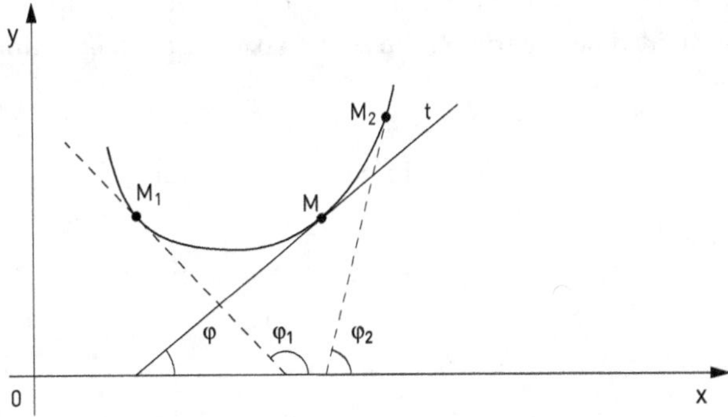

Concavidad hacia arriba

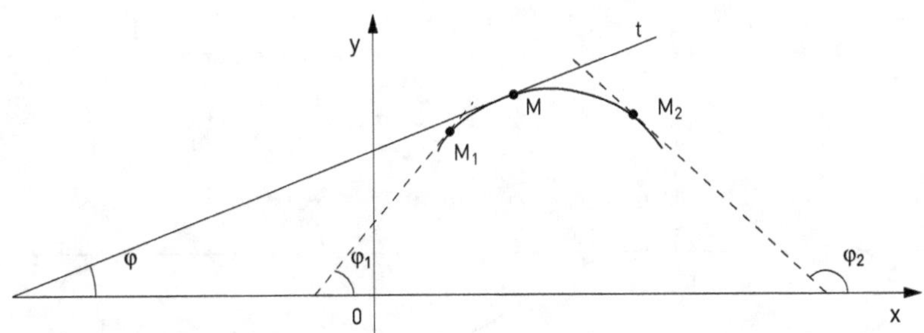

Concavidad hacia abajo

En forma análoga, se define la concavidad hacia las y negativas (o concavidad hacia abajo) si todos los puntos suficientemente próximos al M están situados por debajo de la recta tangente t.

El coeficiente angular tg φ de la recta tangente disminuye al crecer la abscisa x del punto M, esto es la función $m = \mathrm{tg}\,\varphi = f'(x)$ resulta decreciente; su derivada $f''(x)$ será negativa o nula.

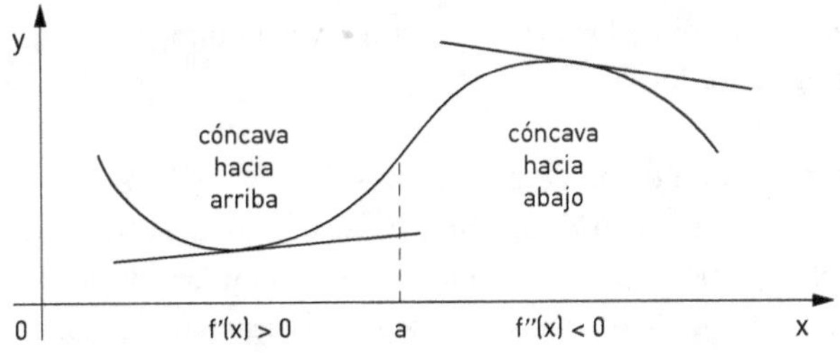

Para los valores menores que a la función es cóncava hacia arriba, mientras que para los mayores que a, la función es cóncava hacia abajo. Es decir que en x = a cambia la concavidad. En x = a hay un punto de inflexión.

Se llama *punto de inflexión* al punto en el que la curva tiene recta tangente única y cambia la concavidad de la curva, en un sentido o en otro. En ese punto, debe ser $f''(x) = 0$.

Ejemplo: Sea la función $y = x^3 - 6x^2 - 36x + 16$. Sus derivadas valen:

$$y' = 3x^2 - 12x - 36$$

$$y'' = 6x - 12 = 6(x - 2)$$

Evidentemente, si $x < 2$ resulta $y'' < 0$ y entonces en el intervalo $(-\infty, 2)$ la curva es cóncava hacia abajo. En cambio, si $x > 2$, resulta $y'' > 0$ y la curva es cóncava hacia arriba en el intervalo $(2, \infty)$. En $x = 2$, resulta $y'' = 0$; en $x = 2$ existe un cambio de concavidad, por lo tanto $x = 2$ es un punto de inflexión.

En el punto $x = 2$, la concavidad de la curva cambia, esto es, pasa de ser cóncava hacia abajo a cóncava hacia arriba.

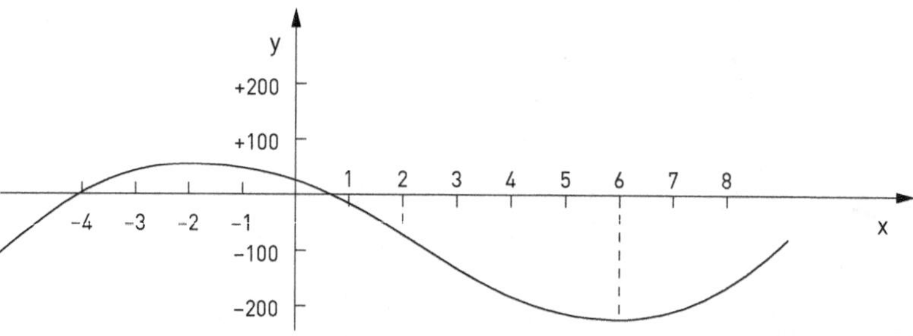

Máximos y mínimos

La función $f(x)$ tiene un *máximo local* en el punto x_0 de su dominio si $f(x_0) \geq f(x)$ para todo punto x perteneciente a un entorno de x_0. Análogamente, la función $f(x)$ tiene un *mínimo local* en el punto x_0 si $f(x_0) \leq f(x)$ para todo punto x perteneciente a un entorno de x_0. Los máximos y mínimos locales de una función se llaman *extremos locales*.

Es evidente que si una función posee varios máximos y mínimos locales, el máximo absoluto será el mayor de los máximos locales y el mínimo absoluto será el menor de los mínimos locales.

Criterios para la determinación de extremos locales

a) Criterio de la primera derivada (Condición necesaria pero no suficiente)

Si la función derivable $f(x)$ tiene en $x = x_0$ un máximo o un mínimo local, debe ser en ese punto $f'(x_0) = 0$, condición que significa geométricamente que la recta tangente a la curva es horizontal en ese punto. En efecto, si fuera $f'(x_0) > 0$ sería $f(x)$ creciente en ese punto y no podría tener allí ni un máximo ni un mínimo.

Si, en cambio, fuera $f'(x_0) < 0$ sería $f(x)$ decreciente en x_0 y tampoco podría tener allí ni un máximo ni un mínimo.

Puede ocurrir que en un punto x_0 se verifique que $f'(x_0) = 0$ sin que la función tenga allí un extremo local.

Ejemplo: El siguiente ejemplo sirve para visualizar que la condición anterior no es suficiente. Sea la función $y = x^3$: su derivada $y' = 3 x^2$ se anula en $x_0 = 0$, y la recta tangente en ese punto es horizontal (coincide con el eje de las x), pero la curva atraviesa la recta tangente, ya que la función es siempre creciente. En el origen, $x = 0$ hay un punto de inflexión.

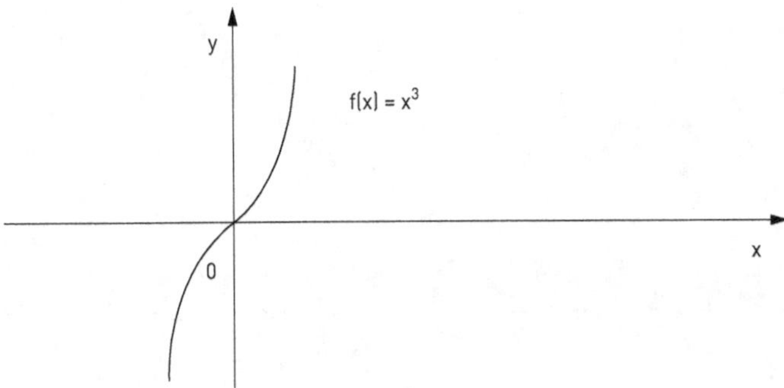

Para discriminar qué ocurre en un punto x_0 que verifica la condición necesaria se debe recurrir a un criterio en el que interviene el signo de la derivada segunda.

b) Criterio de la segunda derivada (Condición suficiente)
Si la derivada segunda de una función no se anula en un punto x_0 que anula la derivada primera, resulta:

Si $f''(x_0) > 0$, hay un mínimo local en x_0.
Si $f''(x_0) < 0$, hay un máximo local en x_0.

Ejemplo: Sea la función $y = 3 x^4 + 2 x^3$. Su primera derivada es:
$$y' = 12 x^3 + 6 x^2 = 6 x^2 (2 x + 1)$$

Para que se verifique la condición necesaria: $y' = 6 x^2 (2 x + 1) = 0$, deben ser $x_1 = 0$; $x_2 = -\dfrac{1}{2}$. Para discriminar si x_1 y x_2 corresponden a un máximo o a un mínimo local, se aplica el criterio de la segunda derivada, $y'' = 36 x^2 + 12 x = 12 x (3x + 1)$.

$$y''(x_1) = y''(0) = 0$$

$$y''(x_2) = y''\left(-\frac{1}{2}\right) = 3$$

$$y''\left(-\frac{1}{2}\right) > 0$$

De lo obtenido anteriormente, se concluye que en el punto $x_2 = -\frac{1}{2}$ hay un mínimo; en cambio, en el punto $x_1 = 0$ hay un punto de inflexión, ya que, como es fácil comprobar, cambia la concavidad de la curva en ese punto al cambiar el signo de la derivada segunda y'' a derecha e izquierda del origen. En efecto, tomando dos puntos cualesquiera $-\frac{1}{4}$ y $\frac{1}{4}$ tenemos:

$$y''\left(-\frac{1}{4}\right) = -\frac{3}{4} < 0$$

$$y''\left(\frac{1}{4}\right) = \frac{21}{4} > 0$$

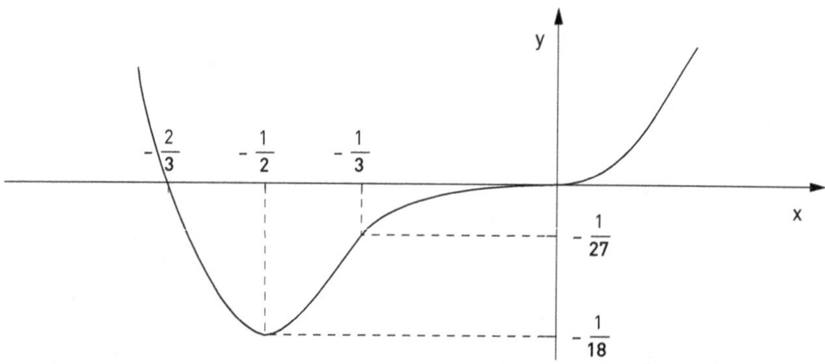

Esta función tiene otro punto de inflexión en $x_3 = -\frac{1}{3}$

Problemas de optimización

Para resolver un problema de optimización, se recomiendan seguir los siguientes pasos:

—Leer el enunciado del problema cuidadosamente.

—Determinar la cantidad que va a maximizarse o minimizarse. Elegir una letra para representar esta cantidad como una función.

—Usar letras para designar las otras cantidades variables y expresar la función antes definida en términos de estas variables.

—Si la función determinada quedara expresada en términos de más de una variable, entonces releer el enunciado y hallar suficientes relaciones entre estas variables como para que puedan eliminarse todas las variables menos una.

—Con la cantidad que va a ser maximizada o minimizada expresada como una función de una sola variable, calcular la primera y la segunda derivada con respecto a esta variable y aplicar los criterios correspondientes a la determinación de extremos locales que se acaban de definir.

Ejemplos

1) Se desea cercar una superficie rectangular con una pared en uno de sus costados tal como se muestra en la figura, y se dispone de 100 metros de alambre para cerco. Determinar el área máxima que se puede abarcar con esta cantidad de alambre.

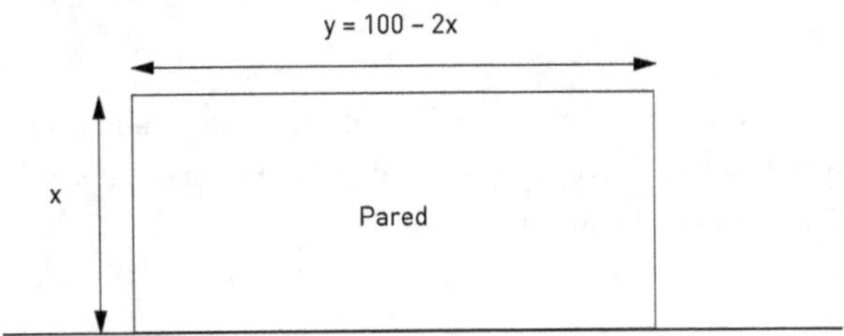

Sea x el ancho en metros de la superficie a cercar e y su longitud, de modo que
$$y = 100 - 2x$$

El área total está dada por:
$$A(x) = xy = x(100 - 2x)$$
$A(x) = 100x - 2x^2$ definida para $0 < x < 50$ ya que el área debe resultar una cantidad positiva.

La función $A(x)$ es derivable,
$$A'(x) = 100 - 4x$$
$$A''(x) = -4$$

Para buscar el valor de x que maximiza la función, $A'(x) = 0$,
$$100 - 4x = 0$$
$$x = 25$$

Para verificar que en $x = 25$ existe un máximo, $A''(25) > 0$. Efectivamente, en este punto $A''(x) = -4$

2) Se desea fabricar una caja abierta (sin tapa) con una hoja cuadrada de hojalata de 1 metro de lado, recortando cuadrados en las esquinas y doblando los bordes como se indica en la figura. Determinar las dimensiones de la caja cuyo volumen sea máximo.

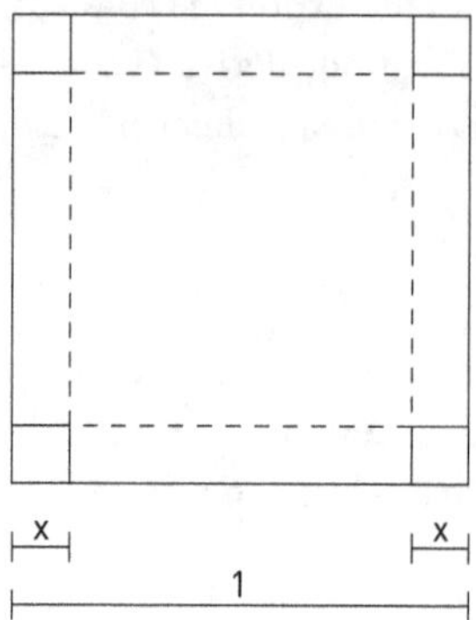

Si el lado de cada uno de los cuadrados recortados vale x, la base de la caja será un cuadrado de lado $y = 1 - 2x$. El volumen de la caja, que llamaremos V, será igual a la superficie de la base por la altura:

$$V = xy^2 = x(1 - 2x)^2$$
$$V = x - 4x^2 + 4x^3 \quad \text{donde } 0 < x < \frac{1}{2} \text{ para que el volumen sea una cantidad positiva.}$$

La función $V(x)$ es derivable.

$$V' = 1 - 8x + 12x^2 = (1 - 2x)(1 - 6x)$$
$$V'' = -8 + 24x$$

Si se busca el valor de x que maximiza el volumen V se debe igualar $V' = 0$ ecuación que se verifica para $x_1 = \frac{1}{2}$; $x_2 = \frac{1}{6}$. La raíz $x_1 = \frac{1}{2}$ no interesa aquí, pues la función $V(x)$ está definida para $0 < x < \frac{1}{2}$.

Como $V'' = -8 + 24x$ resulta $V'' < 0$, lo que corresponde a un máximo, por lo tanto, el valor que maximiza el volumen es $x = \frac{1}{6}$. El valor del volumen máximo resulta entonces:

$$V\left(\frac{1}{6}\right) = \frac{1}{6}\left(1 - \frac{1}{3}\right)^2 = \frac{2}{27} \text{ m}^3 \cong 74 \text{ dm}^3$$

Verifique el lector que el valor $x_1 = \frac{1}{2}$ carece de sentido físico, pues no existiría caja ya que el volumen sería nulo.

3) La resistencia de una viga rectangular es proporcional al ancho y al cuadrado del alto de la sección. Hallar las dimensiones de la sección transversal rectangular de la viga más resistente que puede cortarse de un tronco circular de 12 cm de diámetro.

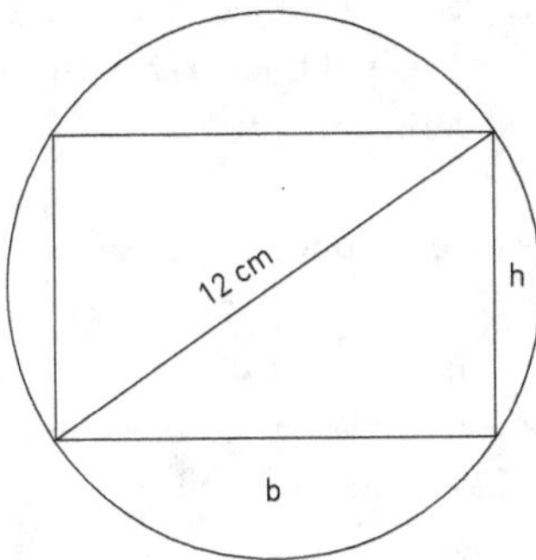

Sea b el ancho y h la altura de la sección de la viga. La resistencia entonces valdrá:

$R = k\, b\, h^2$, donde k es una constante que depende del tipo de madera que constituye la viga. La resistencia R es entonces función de dos variables b y h. Considerando que:

$b^2 + h^2 = (12)^2 = 144$

resulta

$h^2 = 144 - b^2$

reemplazando en el valor de R, queda la resistencia expresada en términos de b únicamente.

$R\,(b) = k\, b\, (144 - b^2\,) = 144\, k\, b - k\, b^3$

R es derivable respecto de b

$R'(b) = 144\, k - 3\, k\, b^2$

$R''(b) = - 6\, k\, b$

$R'(b) = 0$, de donde $b = \pm \sqrt{48} = \pm 4\sqrt{3}$. De ambos valores solamente interesa la raíz cuadrada positiva, ya que un valor negativo de b carecería de sentido físico.

$R''(+ 4\sqrt{3}\,) < 0$ y entonces $b = 4\sqrt{3}$ cm es el ancho que debe usarse para tener la viga de mayor resistencia. El valor de h se obtiene reemplazando:

$h = \sqrt{144 - b^2} = 4\sqrt{6}$ cm

Trabajo de una fuerza

Un concepto básico de la mecánica es el del trabajo efectuado por una fuerza F dirigida a lo largo de un eje x que mueve un objeto a través de una distancia sobre este eje. Si F es una fuerza constante, entonces el trabajo efectuado está dado por

T = F · s, donde s es la distancia a la que se ha desplazado el objeto. Sin embargo, si F no es constante, entonces el problema de calcular el trabajo efectuado por dicha fuerza conduce al empleo de una integral definida.

Sea F (x) la fuerza que actúa sobre un objeto situado en el punto x y se supone que dicho objeto se desplaza por acción de la fuerza, desde un punto a hasta otro punto b del eje x, donde a < x < b. Subdividiendo el intervalo [a, b] en n partes, se puede calcular el trabajo efectuado al mover el objeto a lo largo de un pequeño intervalo Δx, sumar luego todos estos trabajos y pasar al límite, con lo que:

$$T = \lim_{n \to \infty} \sum_{i=1}^{n} F(x_i) \cdot \Delta x_i = \int_a^b F(x)dx$$

Un ejemplo sencillo de trabajo efectuado por una fuerza variable es el del estiramiento o compresión de un resorte. De acuerdo con la ley de Hooke, la fuerza F requerida para estirar o comprimir un resorte es proporcional a la longitud del estiramiento o compresión x del resorte, esto es F (x) = kx donde la constante k es la constante del resorte y se mide en g/cm en el sistema CGS [2]. En ese caso, el trabajo realizado por la fuerza, si el resorte se estiró desde un cierto punto a hasta un punto b (o se comprimió en el mismo intervalo), será:

$$T = \int_a^b k \cdot x \cdot dx = k \int_a^b x \cdot dx = k \left. \frac{x^2}{2} \right|_a^b dx = \frac{k}{2} (b^2 - a^2)$$

Momentos y centro de gravedad

Momentos y centros de gravedad de un sistema de puntos materiales sobre una recta

Se suponen ubicados sobre una recta un conjunto de puntos materiales con masas m_1, m_2, ... , m_n de abscisas conocidas respecto de un origen O.

Se define *momento de primer orden* o *momento estático* $M^{(1)}$ respecto del origen O, a la suma de los productos de las abscisas x_1, x_2, ... , x_n por las masas correspondientes:

$$M^{(1)} = m_1 x_1 + m_2 x_2 + ...+ m_n x_n = \sum_{i=1}^{n} m_i x_i$$

Este momento estático es una cantidad positiva o negativa que se mide en gr/cm en el sistema CGS.

[2] CGS: Sistema de unidades que define como unidades básicas el centímetro, el gramo y el segundo.

Análogamente, se define *momento de segundo* orden o *momento de inercia* $M^{(2)}$ respecto del origen O, a la suma de los productos de las masas por los cuadrados de las distancias al origen.

$$M^{(2)} = m_1 x_1^2 + m_2 x_2^2 + ... + m_n x_n^2 = \sum_{i=1}^{n} m_i x_i^2$$

El momento de inercia es una magnitud esencialmente positiva.

Desplazando el origen de coordenadas a un punto G sobre la recta tal que el momento estático con respecto a ese nuevo origen se anule, y siendo x_G la abscisa del punto G, será:

$$M_G^{(1)} = m_1 (x_1 - x_G) + m_2 (x_2 - x_G) + ... + m_n (x_n - x_G) = 0$$

$$m_1 x_1 + m_2 x_2 + ... + m_n x_n = x_G (m_1 + m_2 + ... + m_n)$$

Si M es la masa total del sistema $M = m_1 + m_2 + ... + m_n$ resulta:

$$x_G = \frac{\displaystyle\sum_{i=1}^{n} m_i x_i}{\displaystyle\sum_{i=1}^{n} m_i} = \frac{M^{(1)}}{M}$$

Este valor x_G que da la posición de un punto sobre la recta que, tomado como nuevo origen, anula al correspondiente momento estático, se llama abscisa del centro de gravedad, y el punto G se denomina *centro de masas* o *baricentro* o *centro de gravedad* del sistema de masas m_i distribuidas en los puntos de abscisa x_i.

El centro de gravedad es un punto "ficticio" tal que, si en él se concentrara la masa total del sistema, su momento estático sería igual al momento estático del sistema. Es preciso hacer notar que, si bien la discusión presentada se refiere a masas individuales dispuestas sobre un eje, es fácil extender el argumento a masas individuales dispuestas sobre un plano, así como a una masa distribuida continuamente sobre una superficie o un cuerpo.

Ejemplo: En los puntos de abscisas 1, –3, 5, –4 centímetros se han colocado masas de 7, 5, 2 y 1 gramos respectivamente. Calcular los momentos estáticos y de inercia del sistema, y ubicar su centro de gravedad.

$$M^{(1)} = 7 \, (1) + 5 \, (-3) + 2 \, (5) + 1 \, (-4) = -2 \text{ g cm}$$

$$M^{(2)} = 7 \, (1) + 5 \, (9) + 2 \, (25) + 1 \, (16) = 118 \text{ g cm}^2$$

$$x_G = \frac{M^{(1)}}{M} = -\frac{2}{15} \text{ cm} = -0{,}133... \text{ cm}$$

Momentos y centros de gravedad de un sistema de puntos materiales sobre un plano

Sean n puntos materiales A, B, ... situados sobre un plano, cuyas coordenadas son (x_1, y_1), (x_2, y_2), ... , (x_n, y_n) respectivamente. Se suponen concentradas en ellos n masas de valores Δm_1, Δm_2, ... , Δm_n. Se define *momento de primer* orden $M_x^{(1)}$ respecto del eje de las x:

$$M_x^{(1)} = \sum_{i=1}^{n} y_i \Delta m_i$$

Análogamente, se define momento de primer orden respecto del eje de las y $M_y^{(1)}$:

$$M_y^{(1)} = \sum_{i=1}^{n} x_i \Delta m_i$$

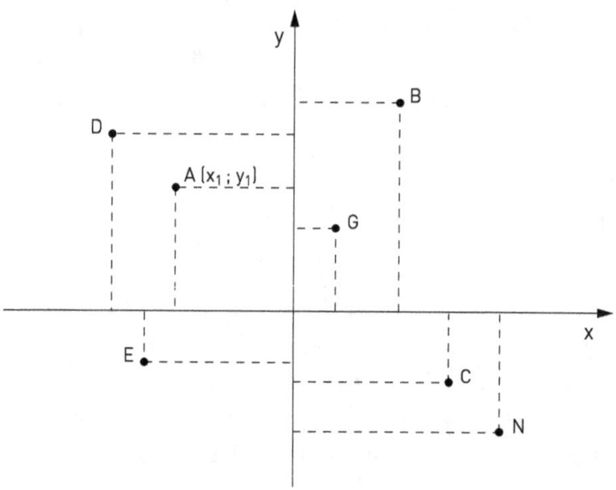

En este caso, es también posible hallar un punto G de coordenadas (x_G, y_G) tal que los momentos de primer orden respecto de dos ejes perpendiculares que pasen por este sean nulos. Las expresiones son totalmente similares a las del parágrafo anterior.

$$x_G = \frac{\displaystyle\sum_{i=1}^{n} x_i \Delta m_i}{\displaystyle\sum_{i=1}^{n} m_i} = \frac{M_y^{(1)}}{M}$$

$$y_G = \frac{\displaystyle\sum_{i=1}^{n} y_i \Delta m_i}{\displaystyle\sum_{i=1}^{n} m_i} = \frac{M_x^{(1)}}{M}$$

Asimismo, los momentos de inercia resultan:

$$M_x^{(2)} = \sum_{i=1}^{n} y_i^2 \Delta m_i$$

$$M_y^{(2)} = \sum_{i=1}^{n} x_i^2 \Delta m_i$$

Momentos y centros de gravedad de superficies y volúmenes

Para estudiar los momentos de primero y segundo orden en cuerpos reales y continuos, se los divide en n partes, cada una de las cuales se supone posee una masa concentrada en el respectivo centro de gravedad; luego se calcula su momento de primer orden como si fuesen puntos materiales aislados; por último, se pasa al límite para $n \to \infty$, con lo cual las expresiones anteriores con el signo sumatoria se transforman en integrales definidas.

a) Centro de gravedad de una superficie

Sea la figura plana limitada por el arco de curva AB representado por la función $y = f(x)$, las ordenadas $x = a$, $x = b$ y el eje de las *x*; se supone que dicha figura es homogénea, esto es, posee una densidad superficial δ constante. Entonces, los momentos estáticos respecto de los ejes x e y valen:

$$M_x^{(1)} = \delta \int_a^b xy\,dx$$

$$M_y^{(1)} = \delta \int_a^b y^2\,dx$$

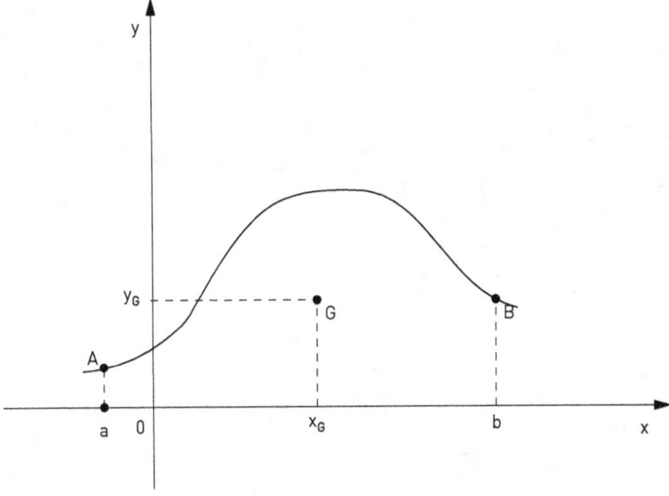

Teniendo en cuenta que la masa total M de la figura es:

$$M = \delta\, A$$

donde δ es su densidad y $A = \int_a^b y\, dx$ el área de la figura plana, las coordenadas del centro de gravedad de dicha figura resultan:

$$x_G = \frac{1}{A}\ \int_a^b xy\,dx$$

$$y_G = \frac{1}{2A}\ \int_a^b y^2\,dx$$

Si la figura plana homogénea tiene un eje de simetría, el centro de gravedad deberá estar forzosamente sobre ese eje, y si posee dos ejes de simetría, se hallará en la intersección de ambos.

b) Centro de gravedad de un sólido de revolución

Mediante una integral definida, solamente se puede encarar la determinación del centro de gravedad de un sólido de revolución, ya que en ese caso, por razones de simetría, el centro de gravedad estará ubicado sobre el eje en torno del cual ha girado el arco de curva plana que ha engendrado el sólido. Si se tratara de un sólido cualquiera, el cálculo de las tres coordenadas del centro de gravedad del cuerpo requiere el uso de integrales dobles, tema que corresponde al estudio de funciones de diversas variables.

Sea el sólido engendrado por la rotación de la curva y = f (x) alrededor del eje de las *x*. Sobre el eje *x* (y = 0, z = 0), en consecuencia, la única coordenada que habrá que evaluar será x_G.

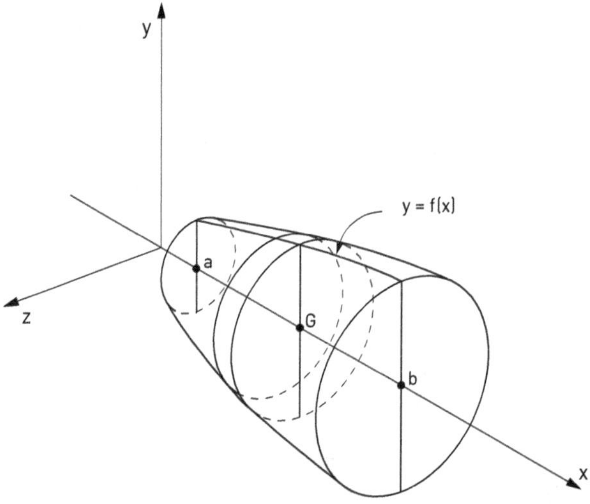

Si se supone que el sólido es homogéneo, su densidad de volumen será constante, y entonces, razonando de manera análoga al caso anterior, el valor de la coordenada x_G resulta:

$$x_G = \frac{\pi \int_a^b xy^2\, dx}{V}$$

donde V es el volumen del cuerpo de revolución:

$$V = \pi \int_a^b y^2\, dx$$

Momentos de inercia de placas planas

Se considera placas planas a aquellos cuerpos donde una de las dimensiones, el espesor, es despreciable respecto de las otras dos. Para calcular los momentos de inercia de dichas placas planas, resulta sumamente útil el teorema del eje paralelo o teorema de Steiner, expuesto a continuación.

Sea I_G el momento de inercia respecto de un eje que pasa por el centro de gravedad G de un sólido, y sea I_A el momento de inercia respecto a otro eje paralelo al anterior, separado una distancia d. Entonces $I_A = I_G + Md^2$, donde M es la masa total del sólido en cuestión. En otras palabras, el centro de gravedad de un sólido queda caracterizado porque el momento de inercia axial respecto de un eje de gravedad es un mínimo entre todos los momentos de inercia respecto a ejes paralelos.

Si I_1 e I_2 son los momentos de inercia de dos cuerpos respecto de dos ejes de gravedad paralelos, el momento de inercia del cuerpo formado por ambos respecto de su eje de gravedad paralelo resulta:

$$I = I_1 + I_2 + e^2\, \frac{M_1 M_2}{M_1 + M_2}$$

donde e es la distancia que separa los ejes de gravedad paralelos de las dos masas M_1 y M_2 de ambos cuerpos.

Estos resultados pueden ser sumamente útiles cuando se desea calcular los momentos de inercia de secciones conformadas por múltiples asociaciones de partes simples.

Esfuerzos característicos

Momento flexor, esfuerzo de corte y esfuerzo normal

Sea una chapa o estructura que se encuentra en equilibrio bajo la acción de un sistema de fuerzas. Sea n-n una sección cualquiera normal a la curva directriz. Se denomina R_i a la resultante de las fuerzas que actúan a la izquierda de n-n y se indica como $R_d = -R_i$ a la resultante de las que actúan a la derecha. Ambas resultantes se reducen al centro de gravedad G de la sección mediante la aplicación de un nuevo sistema nulo $R_i' = -R_d'$ paralelo al anterior y tal que $|R_i| = |R_i''|$.

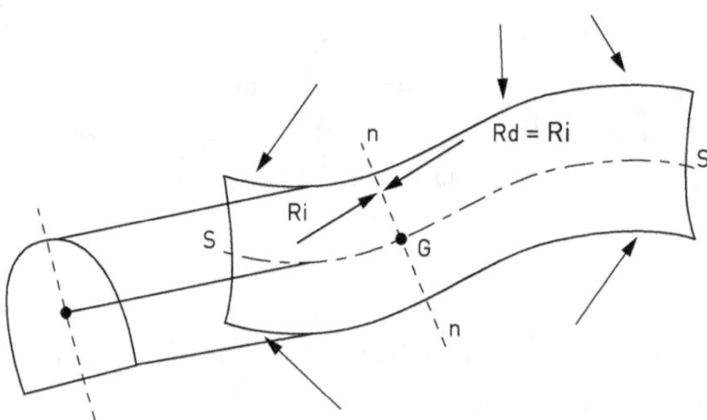

Los momentos estáticos de las resultantes valen $M_i = R_i\, d$ y $M_d = R_d\, d$, donde d es la distancia que separa ambas rectas de acción. Además, se descomponen las fuerzas R_i' y R_d' en componentes normales a la sección y contenidas en el plano de ella, indicadas con N y Q.

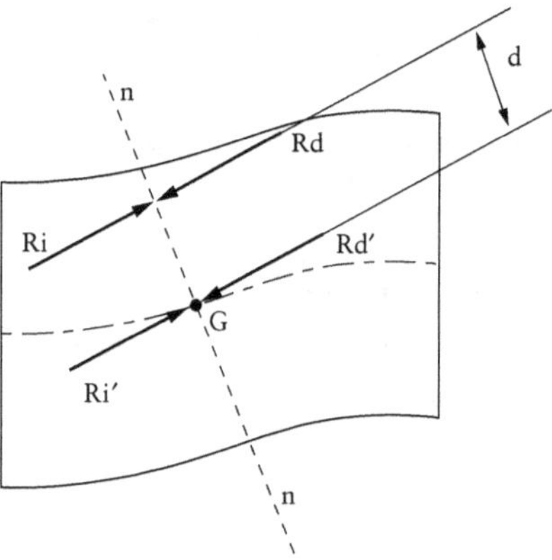

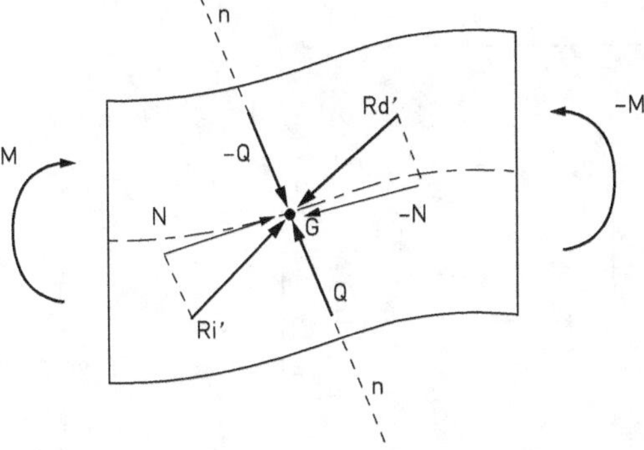

Se denomina *momento flexor M en una sección* al par de pares que actúan normalmente a uno y otro lado de esta, cuyos momentos estáticos corresponden a los momentos con respecto al centro de gravedad de la sección de las resultantes izquierda y derecha, y cuyo signo viene dado por el momento de la resultante izquierda o el de la derecha con signo contrario.

Se denomina *esfuerzo de corte o esfuerzo tangencial en una sección* al conjunto de las dos fuerzas Q, cuyas rectas de acción se encuentran contenidas en el plano de aquella y cuyas intensidades corresponden a las proyecciones de las resultantes izquierda o derecha sobre el plano de la sección y cuyo signo lo determina la proyección de la resultante izquierda.

Esfuerzo normal o esfuerzo axial es el conjunto de las dos fuerzas aplicadas en el centro de gravedad de la sección cuyas rectas de acción son normales al plano de esta y cuyas intensidades corresponden a las proyecciones sobre dicha dirección de la resultante izquierda y derecha. El signo del esfuerzo normal depende de si la sección resulta solicitada por tracción o compresión. En el primer caso es positivo y en el segundo, negativo.

El momento flexor, el esfuerzo de corte y el esfuerzo normal constituyen los tres *esfuerzos característicos* de la sección considerada.

Relaciones analíticas entre las funciones que definen los diagramas de esfuerzos característicos

Sea MM' una curva continua expresable por una función $p = p(z)$ que define la línea de carga correspondiente a una cierta carga distribuida, aplicada a un tramo de eje rectilíneo.

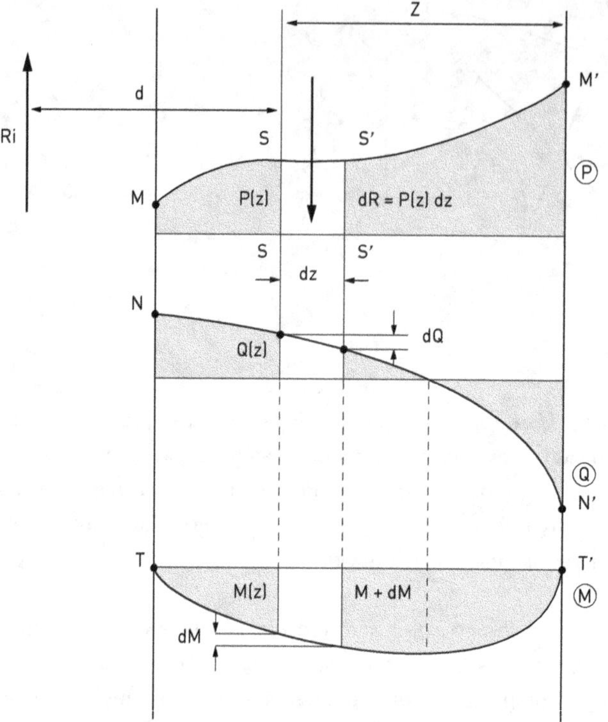

Se suponen conocidos los diagramas de esfuerzos de corte y momentos flexores, definidos a su vez por dos funciones continuas y derivables $Q(z)$ y $M(z)$, respectivamente.

Llamamos R_i a la resultante de las fuerzas ubicadas a la izquierda de una sección cualquiera *s-s* de abscisa *z*, como se indica en la figura. Por definición de esfuerzo de corte, para dicha sección $R_i = Q(z)$. Al considerar ahora una sección *s'-s'* distante una distancia *dz* de la anterior, la resultante izquierda correspondiente a ella será igual al valor de R_i, incrementado en la resultante de la carga distribuida correspondiente al entorno *dz*, esto es:

$$R_i' = R_i + dR_i = R_i + p(z)\, dz$$

Diferenciando la igualdad $R_i = Q(z)$, resulta $dR_i = dQ(z)$.

Reemplazando esta expresión en $R_i' = R_i + dR_i = R_i + p(z)\, dz$ y simplificando, se tiene $dQ(z) = p(z)\, dz$. Finalmente, $p(z) = \dfrac{dQ(z)}{dz}$.

En resumen, la función que establece la ley de variación de la carga específica es la derivada de la función que define la variación del esfuerzo de corte.

Según la definición de momento flexor aplicado a una sección, el correspondiente a la sección s-s tiene por expresión $M(z) = R_i\,d$, donde d es la distancia de la sección considerada a la recta de acción de R_i. Al pasar de la sección anterior a la s'-s', el momento flexor será igual al correspondiente a la sección s-s incrementado en $dM(z)$

$$M(z) + dM(z) = R_i'\,d'$$

Como se desconoce la recta de acción de R_i' se puede expresar la igualdad anterior en función de las componentes de R_i', esto es, R_i y $p\,(z)\,dz$, con lo que se obtiene:

$$M(z) + dM(z) = R_i' + (d + dz) + p(z)\,\frac{dz^2}{2}$$

Desarrollando el paréntesis en esta ecuación, restando $(M(z) = R_i\,d)$ y despreciando el término en que aparece dz^2 por tratarse de un infinitésimo de orden superior[3], se obtiene $dM(z) = R_i\,dz$.

Pero como $Ri = Q(z)$ resulta que $dM(z) = Q(z)\,dz$ y finalmente:

$$Q(z) = \frac{dM(z)}{dz}$$

La función que establece la ley de variación del esfuerzo de corte es la derivada de la función que define la ley de variación del momento flexor.

$$p(z) = \frac{d^2M}{dz^2}$$

Finalmente, integrando las igualdades $p\,(z) = \dfrac{dQ(z)}{dz}$ y $Q(z) = \dfrac{dM(z)}{dz}$ se llega a que:

$$Q(z) = \int p(z)dz + C$$

$$Q(z) = \int Q(z)dz + C_1$$

Las expresiones anteriores permiten, conocida la función que define uno de los diagramas, conocer por integración o derivación, según el caso, las correspondientes a cualesquiera de los otros.

---

[3] dz es un infinitésimo de primer orden; dz^2 es un infinitésimo de segundo orden, de ahí el nombre de infinitésimo de orden superior.

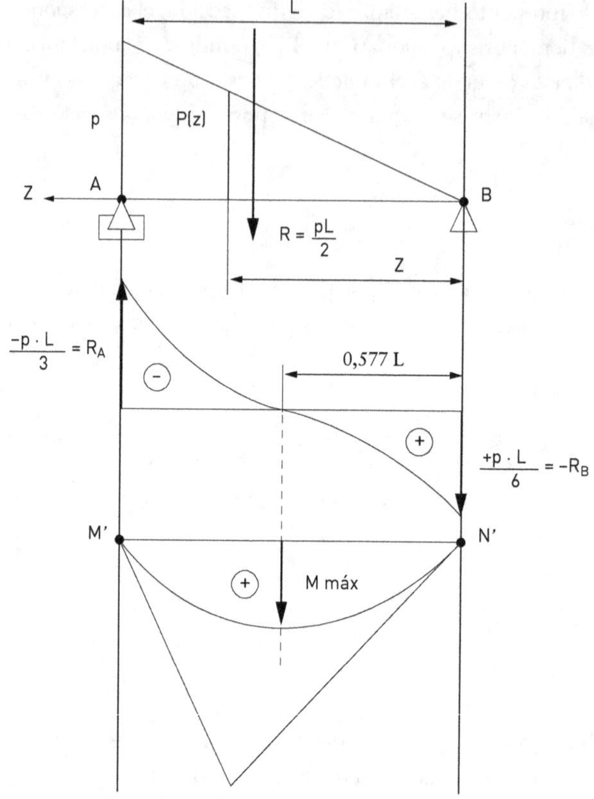

Ejemplo: Sea la viga de la figura, simplemente apoyada y sujeta a la acción de una carga distribuida según una ley lineal que responde a un diagrama triangular, cuya ordenada máxima valga p.

Llamando z a la abscisa de una sección cualquiera, medida a partir del apoyo B, la ley de variación de la carga específica será:

$$p(z) = p\,\frac{z}{L}$$

Reemplazando en la expresión correspondiente:

$$Q(z) = p \int \frac{z}{L}\,dz + C = \frac{pz^2}{2L + C}$$

Hay que determinar la constante C de integración: para $z = L$, el esfuerzo de corte Q es directamente la reacción de vínculo en el punto A, cuyo valor se determina tomando momentos estáticos respecto del punto B:

$$-R_A L - \frac{P}{2}\,L\,\frac{2}{3}L = 0$$

por lo que:

$$R_A = -\frac{pL}{3}$$

Es decir, que se cumple:

$$Q(L) = \frac{pL}{3} = -\frac{pL^2}{2L} + C$$

El término $\frac{pL^2}{2L}$ está afectado del signo menos por tratarse de una fuerza que viene de la derecha. Despejando C resulta $C = \frac{pL}{6}$ y reemplazándolo se llega a la expresión del esfuerzo de corte

$$Q(z) = -\frac{pL^2}{2L} = +\frac{pL}{6}$$

Integrando esta expresión miembro a miembro, se obtiene la función de variación del momento flexor:

$$M(z) = \int Q(z)dz = \int -\frac{pz^2}{2L} \, dz + \int \frac{pL}{6} \, dz + C_1$$

de donde:

$$M(z) = -\frac{pz^3}{6L} + \frac{pLz}{6} + C_1$$

Para $z = 0$ es $M(z) = 0$, por lo que $C_1 = 0$. Finalmente:

$$M(z) = \frac{p}{6} \left(Lz - \frac{z^3}{L} \right)$$

expresión que corresponde a una parábola cúbica.

Conocida la expresión que define la variación del momento flexor, es fácil determinar su valor máximo y la abscisa de la sección correspondiente. En efecto, el máximo de $M(z)$ corresponde a aquel valor de z para el cual su derivada se anula. Pero como:

$$Q(z) = -\frac{dM(z)}{dz}$$

basta anular la expresión de $Q(z)$ y despejar z, con lo que se llega a:

$$z = \frac{L}{\sqrt{3}} = 0{,}577L$$

valor que, reemplazado en la expresión de $M(z)$, proporciona el máximo momento flexor:

$$M_{máx} = 0{,}0643 \, p \, L^2$$

05. Teoría de la probabilidad

*Es notable que la teoría de la probabilidad, que se inició con las consideraciones del juego,
se haya elevado a los objetos más importantes de la sabiduría humana.*
PIERRE SIMON, MARQUÉS DE LAPLACE (1749 - 1827)

Conceptos previos

Cualquier enfoque analítico de problemas en los que interviene la incertidumbre (incapacidad de predecir con certeza lo que va a ocurrir) supone la evaluación de la medida en que es posible que ciertos sucesos hayan ocurrido o vayan a ocurrir. Dicha medida será resultado del cálculo de probabilidades.

Debe aclararse que asignarle un valor numérico a la probabilidad de que se produzca un determinado suceso no significa que se pueda usar la evidencia del pasado para predecir el futuro. Si se tira al aire una moneda y sale cara 100 veces seguidas, se considera este suceso como extraordinario y nada puede asegurar que, al tirar una vez más, se obtenga nuevamente cara.

La probabilidad de que ocurra un hecho futuro podría obtenerse sumando las probabilidades de todas las causas posibles, si se conocieran con precisión. Pero esto no es lo más común; al contrario, lo más frecuente es que se carezca de parte de los datos. En consecuencia, ningún arquitecto, diseñador, calculista de estructuras o estimador de presupuestos, por ejemplo, trabaja con certidumbres: siempre maneja probabilidades.

Se denomina *experimento aleatorio* cualquier desarrollo físico observable que pueda dar lugar a dos o más resultados, sin que sea posible enunciar con certeza cuál de estos resultados será efectivamente observado. En el experimento aleatorio de arrojar un dado pueden obtenerse seis resultados diferentes (as, dos, tres, cuatro, cinco y seis) pero, de antemano, no se puede decir qué número va a salir.

Los experimentos son situaciones que pueden ser repetidas bajo condiciones esencialmente estables. Las repeticiones pueden ser factibles y de realización efectiva (como el caso del dado) o abstractas y teóricamente concebibles (como, por ejemplo, analizar si la inversión en la bolsa da tal o cual utilidad).

Un *espacio muestral* es el conjunto de todos los resultados diferentes (o aquellos que se desea considerar diferentes) derivados de un experimento aleatorio. Cada uno de los resultados que pertenece al espacio muestral (subconjuntos del espacio muestral) será un *suceso, evento* o *acontecimiento aleatorio*.

El suceso o evento puede ser simple, si está formado exactamente por un resultado, o compuesto, si consta de más de un resultado.

La probabilidad de que un hecho cualquiera suceda es un número comprendido entre los extremos de una escala que indica cuán posible es la ocurrencia de un suceso. Dentro de esa escala, es posible diferenciar tres campos:

—Si un suceso tiene probabilidad igual a 0, será de *ocurrencia imposible* o *imposibilidad absoluta*.
—Si un suceso tiene probabilidad igual a 1, será de *ocurrencia segura o certera* o bien *certidumbre absoluta*.
—Un suceso será de *ocurrencia incierta, posible* o *probable* si tiene otro resultado.
—Cuando la probabilidad toma el valor 0,5 existe un punto llamado de *indiferencia* o *ignorancia*.

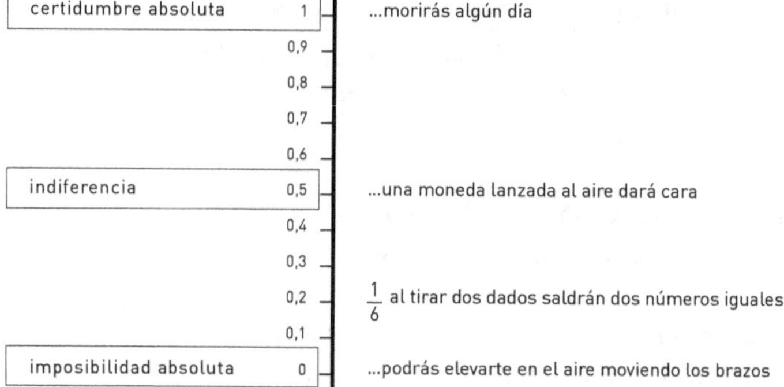

La escala de probabilidades puede representarse gráficamente.

Definiciones de probabilidad

Desde un enfoque matemático científico, se intentó definir la probabilidad como la rama de las matemáticas que interpreta y predice las frecuencias con que ocurrirán los hechos o sucesos en el futuro. Pero esta definición parece descartar que el concepto de probabilidad es intuitivo; por lo tanto, se hace difícil elaborar una definición que englobe en conjunto todos los aspectos posibles. Como se verá a continuación, hay dos criterios parciales que permitirían dar una definición acabada.

Definición clásica o canónica (Marqués de Laplace)

El matemático francés Pierre Simón, Marqués de Laplace, definió[1] la probabilidad como "el número de casos favorables a un suceso o todos los casos c que

---

[1] Esta definición es una consecuencia del estudio de los juegos de azar que realiza entre 1812 y 1814.

se quiere que ocurran dividido por el número de casos posibles o número total de casos n".

Esta definición tiene restricciones y condiciones para que se cumpla; es aplicable únicamente cuando los números a que hace referencia son finitos y cuando las contingencias o los casos posibles son equiprobables (es decir casos que tienen igual probabilidad de ocurrencia). La probabilidad de que ocurra un suceso A es:

$$P(A) = \frac{c}{n}$$

Pese a ser una definición circular (se basa en el concepto que se quiere definir, al mencionar la equiprobabilidad de los casos posibles), esta definición permitió el desarrollo inicial de la teoría de las probabilidades y permite resolver problemas sencillos.

Ejemplo: Al tirar dos dados, simétricos y homogéneos, ¿cuál es la probabilidad de que salgan dos números iguales?

Para calcular el número de casos posibles, basta tener en cuenta que cada uno de los seis números de un dado puede combinarse con los seis números del otro dado, resultando 36 casos posibles. Los casos favorables son: (1,1), (2,2), (3,3), (4,4), (5,5), (6,6), en total 6.

$$P(A) = \frac{6}{36} = \frac{1}{6}$$

¿Cuál es la probabilidad de que al tirar dos dados la suma sea 3 como máximo? Los casos favorables son: (1,1), (1,2), (2,1), en total 3 y el número total de casos es nuevamente 36.

$$P(A) = \frac{3}{36} = \frac{1}{12}$$

Definición basada en la frecuencia (R. Von Misses)

A fin de que sea posible usar esta definición, los sucesos deben ser indefinidamente repetibles bajo las mismas condiciones. Si en n pruebas, el suceso A se presentó una cierta cantidad de veces Y(A) (frecuencia absoluta de aparición del suceso A), se define la *frecuencia relativa de aparición del suceso* como:

$$f(A) = \frac{Y(A)}{n}$$

La escuela alemana, basada en la frecuencia, define la probabilidad del suceso A como el límite de la frecuencia relativa de ocurrencia del suceso cuando el número de pruebas tiende a infinito.

$$P(A) = \lim_{n \to \infty} f(A)$$

No se trata de un límite rigurosamente matemático sino conceptual, ya que indica que cuanto mayor sea el tamaño de la muestra, más cerca estará la frecuencia relativa del valor de la probabilidad. El mayor mérito de esta definición es que permite relacionar probabilidades teóricas (casi siempre desconocidas) con frecuencias relativas (sacadas de la experimentación). Este es el principio de la inferencia estadística: a partir de una experimentación, sacar conclusiones generales que se apliquen a un todo.

Definición axiomática (Nicolaevich Kolmogoroff)

En vista de la parcialidad de las definiciones anteriores, se concluyó por definir la probabilidad en forma axiomática; o sea, se estableció un conjunto de axiomas a partir de los cuales es posible deducir todas las propiedades fundamentales. Estos se basan en la teoría de conjuntos. El espacio muestral (conjunto E) y los diferentes sucesos (subconjuntos de E) se visualizan mediante diagramas de Venn.

Sean A y B sucesos posibles, dentro de un espacio muestral E, se pueden clasificar en:

—Incompatibles (excluyentes o mutuamente excluyentes): $A \cap B = \varnothing$

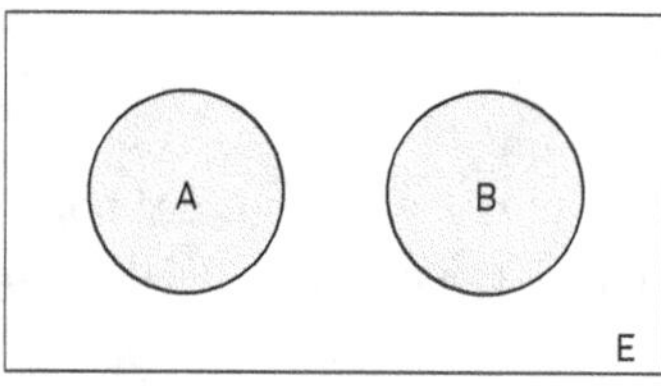

En un mismo espacio muestral, la ocurrencia de uno de los sucesos excluye que ocurra otro; si uno se está dando, el otro no puede ocurrir.

—Compatibles (no excluyentes): $A \cap B \neq \varnothing$

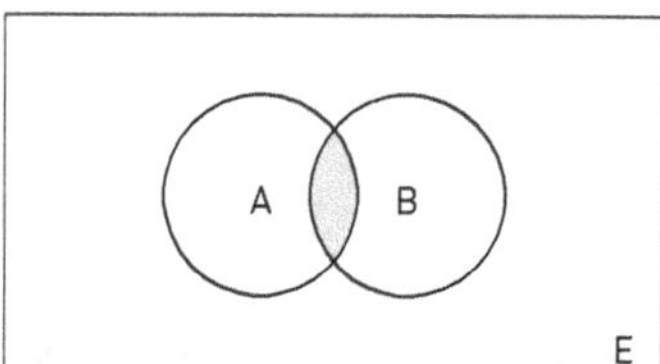

En un mismo espacio muestral, la ocurrencia de uno de los sucesos no excluye que ocurra el otro (si un suceso se está dando, el otro puede ocurrir también).
Los sucesos compatibles se clasifican en:

—Compatibles condicionados: la ocurrencia de uno de los sucesos condiciona la ocurrencia del otro suceso. Si uno de los dos se está dando, esto modifica y condiciona a que el otro suceso también se dé.
—Compatibles independientes: cada suceso posee su propio espacio muestral. La ocurrencia de uno no modifica la ocurrencia del otro. Que uno de los sucesos se esté dando no modifica ni influye en la ocurrencia o no del otro suceso.

Axiomas de la probabilidad

Para asegurarse de que las asignaciones de probabilidad sean consistentes con las nociones intuitivas de probabilidad, todas las asignaciones deberán satisfacer los siguientes axiomas.

Axioma 1

La probabilidad de que ocurra un suceso A es un número real no negativo que es posible asignar a un universo o espacio muestral E y a cada uno de los subconjuntos de ese universo.

$$P(A) \geq 0$$

Axioma 2

La probabilidad de un suceso cierto es igual a la unidad, tomando como suceso cierto todo lo que es posible asignar dentro de un espacio muestral.

$$P(E) = 1$$

Axioma 3

La probabilidad del suceso, suma de dos sucesos excluyentes, es igual a la suma de las probabilidades de cada uno de ellos.

$$Si \ A \cap B = \varnothing \Rightarrow P(A \cup B) = P(A) + P(B)$$

Propiedades y reglas de cálculo de la probabilidad

Sobre la base de los axiomas de la probabilidad, se demostrarán a continuación las siguientes propiedades y reglas de cálculo.

—La probabilidad es un número real comprendido entre 0 y 1.

Sea $\overline{A}$ el conjunto complementario de A con respecto a E.

$$A \cup \overline{A} = E$$

$$P(A \cup \overline{A}) = P(E) \Rightarrow P(A \cup \overline{A}) = 1$$

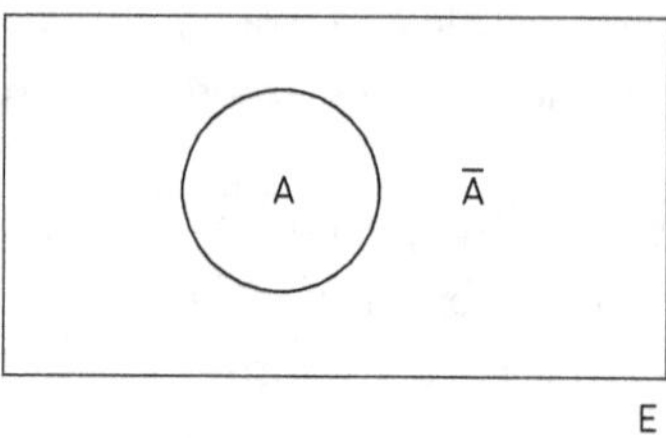

Como $A \cap \overline{A} = \emptyset$, por el axioma 3 es:

$$P(A \cup \overline{A}) = P(A) + P(\overline{A}) = 1$$

Como $P(A) \geq 0$, entonces, $0 \leq P(A) \leq 1$.

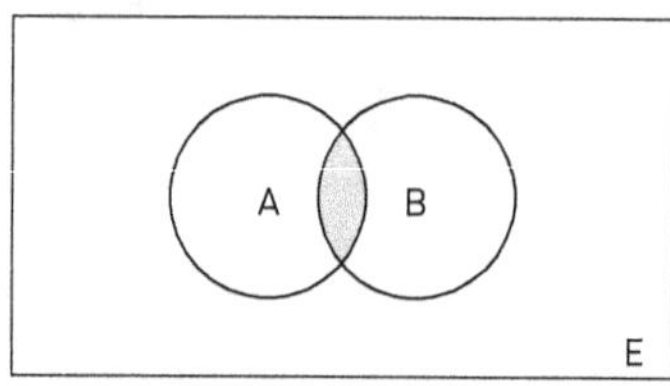

—Dados dos sucesos compatibles, la probabilidad de que ocurra al menos uno de ellos es igual a la suma de las probabilidades individuales menos la probabilidad de que ambos sucesos se presenten simultáneamente.

Si $A \cap B \neq \emptyset$, $A \cup B = A \cup (\overline{A} \cap B)$ y $B = (A \cap B) \cup (\overline{A} \cap B)$, resulta que:

$$P(A \cup B) = P(A) + P(\overline{A} \cap B) \text{ y } P(B) = P(A \cap B) + P(\overline{A} \cap B)$$

Restando miembro a miembro, se obtiene:

$$P(A \cup B) - P(B) = P(A) - P(A \cap B)$$

de donde:

$$P(A \cup B) = P(A) + P(B) - P(A \cap B)$$

Ejemplo: ¿Cuál es la probabilidad de que salga un número par (suceso A) o múltiplo de 3 (suceso B) al arrojar un dado?

La probabilidad de que salga par (es decir: 2, 4 o 6) es:

$$P(A) = \frac{3}{6} = \frac{1}{2}$$

y la de que sea múltiplo de 3 (es decir: 3 o 6) es:

$$P(B) = \frac{2}{6} = \frac{1}{3}$$

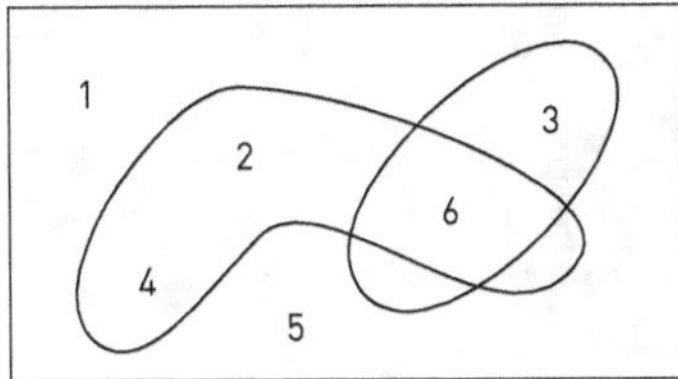

Ambos se dan simultáneamente (o conjuntamente) con el 6:

$$P(A \cap B) = \frac{1}{6}$$

$$P(A \cup B) = \frac{1}{2} + \frac{1}{3} - \frac{1}{6} = \frac{2}{3}$$

—La probabilidad de que el evento A vaya a ocurrir, sabiendo que el evento B ha sucedido (B afecta la probabilidad asignada a A), se denomina *probabilidad condicional* del suceso A respecto al suceso B.

$$P\left(\frac{A}{B}\right) = \frac{P(A \cap B)}{P(B)}$$

La ocurrencia de B restringe el espacio muestral, ya que se pregunta sobre la porción de la intersección de los conjuntos dentro del subconjunto B.

—Dados dos sucesos independientes, la probabilidad de que ocurran ambos es igual al producto de las probabilidades de ocurrencia de cada uno de ellos por separado.

Se dice que dos sucesos A y B son independientes si se cumple que:

$$P\left(\frac{A}{B}\right) = P(A)$$

Reemplazando en la expresión de probabilidad condicional, se tiene:

$$P(A) = \frac{P(A \cap B)}{P(B)}$$

En la práctica, es sencillo diferenciar entre los sucesos compatibles y los incompatibles, pero no es fácil, dentro de los compatibles, distinguir los condicionados de los independientes, pues para ello se necesita información previa.

Ejemplos [*]
1) ¿Cuál es la probabilidad de que, al extraer un naipe de sendos mazos de cartas de póquer, ambos naipes sean de corazón?

Como cada probabilidad individual vale $\dfrac{13}{52}$, se tiene entonces:

$$P(A \cap B) = \frac{13}{52} \cdot \frac{13}{52} = \frac{1}{16}$$

2) De un mazo de 40 cartas españolas se extrae una sola carta al azar. ¿Cuál es la probabilidad de sacar el as de espada?

Hay un caso favorable sobre los 40 casos posibles.

$$P(\text{As de Espada}) = \frac{1}{40}$$

¿Cuál es la probabilidad de sacar cualquier carta de espada?

Hay diez casos favorables sobre los cuarenta posibles.

$$P(\text{Espada}) = \frac{10}{40} = \frac{1}{4}$$

¿Cuál es la probabilidad de sacar el as de basto?

Hay un caso favorable sobre los 40 casos posibles.

$$P(\text{As de Basto}) = \frac{1}{40}$$

¿Cuál es la probabilidad de sacar el as de espada, o bien, el as de basto?

Hay dos casos favorables sobre los cuarenta posibles (son sucesos incompatibles).

$$P(\text{As Espada} \cup \text{As Basto}) = P(\text{As Espada}) + P(\text{As Basto}) = \frac{1}{40} + \frac{1}{40} = \frac{2}{40} = \frac{1}{20}$$

¿Cuál es la probabilidad de sacar el as de espada o cualquier otra carta de espada?

Los sucesos son compatibles. En total, hay diez cartas de espada; entonces serán

[*] "Los mazos de póker tienen 52 naipes (o cartas) y los mazos españoles 40 cartas. Ambos poseen 4 'palos' distintos".

diez casos favorables sobre los cuarenta posibles, ya que hay una sola carta que cumple con las condiciones de ser "as de espada" y "espada" a la vez:

$$P(\text{As Espada} \cup \text{Espada}) = P(\text{As Espada}) + P(\text{Espada}) - P(\text{As Espada} \cap$$

$$\cap \text{Espada}) = \frac{1}{40} + \frac{10}{40} - \frac{1}{40} = \frac{10}{40} = \frac{1}{4}$$

¿Cuál es la probabilidad de sacar una carta que sea el as de espada y espada a la vez? Hay una sola carta que cumple con la condición sobre las cuarenta posibles (son sucesos condicionados).

$$P(\text{As Espada} \cap \text{Espada}) = P(\text{As Espada}) \cdot P\left(\frac{\text{Espada}}{\text{As Espada}}\right) = \frac{1}{40} \cdot 1 = \frac{1}{40}$$

o bien:

$$P(\text{As Espada} \cap \text{Espada}) = P(\text{Espada}) \cdot P\left(\frac{\text{As Espada}}{\text{Espada}}\right) = \frac{10}{40} \cdot \frac{1}{10} = \frac{1}{40}$$

3) Si en lugar de un suceso A se tiene un conjunto de n sucesos A mutuamente excluyentes, que pueden producir el suceso B, ¿qué probabilidad existe de que este suceso B haya ocurrido conjuntamente con alguno de los A?

De la definición de probabilidad condicional surge que:

$$P(A \cap B) = P(A) \cdot P\left(\frac{B}{A}\right) = P(B) \cdot P\left(\frac{A}{B}\right) \text{ de donde}$$

$$P\left(\frac{A}{B}\right) = \frac{P(A) \cdot P\left(\frac{B}{A}\right)}{P(B)}$$

Para aplicar esta fórmula en este caso, en que se busca $P\left(\frac{A}{B}\right)$, hay que calcular $P(B)$.

Considerando que B puede expresarse como:

$$B = (A_1 \cap B) \cup (A_2 \cap B) \cup \ldots \cup (A_n \cap B)$$

resultan las probabilidades correspondientes:

$$P(B) = P(A_1 \cap B) + P(A_2 \cap B) + \ldots + P(A_n \cap B)$$

Teniendo en cuenta que la probabilidad condicional vale, en cada caso:

$$P(A_1 \cap B) = P(A_1) \cdot P\left(\frac{B}{A_1}\right)$$

$$P(A_2 \cap B) = P(A_2) \cdot P\left(\frac{B}{A_2}\right)$$

$$P(A_n \cap B) = P(A_n) \cdot P\left(\frac{B}{A_n}\right)$$

$$P(B) = P(A_1) \cdot P\left(\frac{B}{A_1}\right) + P(A_2) \cdot P\left(\frac{B}{A_2}\right) +...+ P(A_n) \cdot P\left(\frac{B}{A_n}\right)$$

Reemplazando en la fórmula de probabilidad condicional, se tiene:

$$P\left(\frac{A_i}{B}\right) = \frac{P(A_i) \cdot P\left(\dfrac{B}{A_i}\right)}{\displaystyle\sum_{i=1}^{n} P(A_i) \cdot P\left(\dfrac{B}{A_i}\right)} \quad \text{donde}$$

$$\sum_{i=1}^{n} = P(A_i) \cdot P\left(\frac{B}{A_i}\right) = P(A_1) \cdot \left(\frac{B}{A_1}\right) + P(A_2) \cdot \left(\frac{B}{A_2}\right) + ... + P(A_n) \cdot \left(\frac{B}{A_n}\right)$$

Teorema de Bayes

Si la realización de un suceso B depende necesariamente de que ocurra uno de los acontecimientos excluyentes A_1, A_2,....A_n, y se sabe que B se ha producido, la probabilidad de que el suceso A_i se haya cumplido conjuntamente con el B está dada por la expresión que permite calcular $P\left(\dfrac{A_i}{B}\right)$. Este resultado se conoce con el nombre de *teorema de Bayes*. El reverendo Thomas Bayes estudió, durante el siglo XVIII, una de las aplicaciones más interesantes (y controvertidas) de las reglas de la teoría de probabilidades: la estimación de probabilidades desconocidas a partir de nueva información. La teoría de las decisiones estadísticas es un nuevo campo de estudio que se basa precisamente en este tipo de problemas.

Las probabilidades previas a la información se denominan probabilidades *a priori* (pueden ser de carácter objetivo o subjetivo); en cambio, las probabilidades calculadas después de tomar en cuenta la información se llaman probabilidades *a posteriori* (son siempre probabilidades condicionales, en las que el suceso condicional es la nueva información). Así, mediante el uso de este teorema, una probabilidad *a priori* (incondicional) se convierte en una probabilidad *a posteriori* (condicional). En resumen, se conoce un suceso y las posibles causas que pueden ocasionarlo.

Ejemplo: sean tres cajas A_1, A_2, A_3 que contienen, respectivamente:

A_1: 10 bolillas, de las cuales 4 son rojas.
A_2: 12 bolillas, de las cuales 5 son rojas.
A_3: 15 bolillas, de las cuales 6 son rojas.

Habiendo sacado una bolilla roja, ¿cuál es la probabilidad de que haya sido extraída de la caja A_3?

Si el suceso B corresponde a la bolilla roja, aplicando el teorema de Bayes se tiene que:

$$P\left(\frac{A_3}{B}\right) = \frac{P(A_3) \cdot P\left(\dfrac{B}{A_3}\right)}{P(A_1) \cdot \left(\dfrac{B}{A_1}\right) + P(A_2) \cdot \left(\dfrac{B}{A_2}\right) + P(A_3) \cdot \left(\dfrac{B}{A_3}\right)} = \frac{\dfrac{1}{3} \cdot \dfrac{6}{15}}{\dfrac{1}{3} \cdot \dfrac{4}{10} + \dfrac{1}{3} \cdot \dfrac{5}{12} + \dfrac{1}{3} \cdot \dfrac{6}{15}} = \frac{24}{73}$$

06. Estadísticas

Series de frecuencias (estadística descriptiva)

La *estadística* es un método de descripción numérica de conjuntos numerosos; es decir, un método de descripción cuantitativa que utiliza el dato numérico (número) como soporte objetivo. No debe concederse a los datos estadísticos un valor o una precisión que no poseen. Para ser eficaz, la estadística debe necesariamente simplificar. Se puede, ciertamente, considerar un número elevado de criterios de diferenciación entre los individuos, pero el costo de recopilación de la información sería excesivo y el análisis, complicado. Además, es necesario observar que los datos estadísticos no escapan de la regla general de las medidas: están afectados por la posibilidad de error.

La estadística no se ocupa de los casos raros; la anécdota no pertenece al dominio estadístico. En efecto, las permanencias estadísticas no aparecen más que en conjuntos numerosos. Se puede concluir que la estadística descriptiva es una técnica de análisis de conjuntos numerosos y se aplica a todos los dominios de investigación cuantitativa.[1] No obstante, los métodos de recolección de información, la crítica de los datos recopilados y, más aun, la interpretación de los resultados obtenidos, no son competencia de la estadística descriptiva.

Analicemos la siguiente situación: sea un conjunto de individuos (población o universo) y sea un atributo común a todos los componentes de la población (variable). Se desea estudiar el comportamiento de los individuos respecto del atributo, comportamiento que vamos a suponer cuantitativo o medible; por ejemplo, la altura de un grupo de personas, la resistencia de cierto material, el desgaste por fricción de las piezas de un motor, etcétera.

El atributo se comporta como una variable que llamaremos cierta, pues sus valores se determinan por medición. Sea x la variable cierta y x_1, x_2, x_3, ... x_n los

[1] Investigación demográfica, económica, agronómica, biológica, industrial, etcétera.

valores que puede tomar. Al efectuar la medición, se presentan y_1 individuos con el valor x_1, y_2 con x_2, ... y_n con x_n, lo que se puede esquematizar en una tabla:

Atributos	X	x_1	x_2	....	x_n
Individuos	Y	y_1	y_2	....	y_n

Son *frecuencias absolutas* y_i ($i = 1, 2, ... n$) el número de veces que se encuentra repetido el valor de la variable observada, o mejor dicho, la cantidad de individuos observados para un valor determinado.

Si N es el número total de individuos de la población, los cocientes $\dfrac{y_i}{N} = f_i$ reciben el nombre de *frecuencias relativas*, e indican el porcentual o proporción de repetición de la variable. Las frecuencias relativas cumplen la condición

$$\sum_{i=1}^{n} f_i = 1$$

puesto que:

$$N = \sum_{i=1}^{n} y_i$$

donde f_i es para las series de frecuencias el concepto análogo al de probabilidad en las variables aleatorias discretas.[2]

Medidas de posición

Las medidas de posición, o bien valores de tendencia central, representan los valores característicos del conjunto observado. Estos son: la moda, la media, la mediana y los fractiles.

Si se representan gráficamente los valores dados por la tabla de frecuencias, al valor *x* que le corresponde la frecuencia máxima $y_{máx}$, se lo denomina *modo* o *moda* x_{mo} de la serie. El *modo* o moda es el valor más frecuente de la variable, el valor dominante. Un conjunto observado puede ser unimodal (moda única); cabe suponer que la serie de frecuencias corresponde a una población homogénea. Si la gráfica presenta más de un máximo, se llama multimodal o plurimodal (varios valores modales) y corresponde a una población heterogénea. En cambio,

[2] Véase página 107.

la serie puede ser amodal (carente de moda o todos los valores tienen la misma frecuencia).

Además del modo o moda, existen otros parámetros que caracterizan la serie de frecuencias. Se llama *valor medio* (promedio) o *media aritmética* al promedio aritmético, es decir, a la suma de todos los valores observados dividida por el total de observaciones. Es un concepto matemático de equilibrio (baricentro o centro de gravedad), respecto del cual todos los datos se encuentran en equilibrio matemático.

$$\overline{X} = \frac{\sum_{i=1}^{n}(x_i\,f_i)}{N} = \sum_{i=1}^{n}(x_i\,f_i)$$

El siguiente cuadro corresponde a las notas obtenidas en exámenes finales por dos alumnos diferentes.

Notas	Alumno A	Alumno B
Matemática	1	5
Diseño	10	6
Física	1	5
Historia	10	6

$\overline{X}_A = 5{,}5$ puntos

$\overline{X}_B = 5{,}5$ puntos

Se llama *mediana* x_{me} al valor de la variable cierta que divide la serie de frecuencias en dos partes iguales de individuos observados, ordenados por valor creciente del atributo que los caracteriza. La posición que ocupa la mediana corresponde al total de los individuos observados dividido 2; o sea, que el 50% de ellos posee valores inferiores que la mediana, y el otro 50% posee valores superiores.

La mediana y el modo no dependen de los valores de la variable cierta, sino de la cantidad u ordenamiento de estos. Si el número de valores es impar, entonces m_e es el valor central. Si es par, m_e está indeterminada por los extremos más próximos a su posición.

Ejemplo: De un conjunto (N = 13) de obreros, se observó el atributo sueldo percibido. Los valores correspondientes (ordenados de menor a mayor) son: 219; 221; 226; 235; 238; 238; 239; 242; 244; 245; 255; 263; 283 pesos. Se desea calcular el valor medio, el valor modal y la mediana del conjunto de individuos.

El valor medio resulta:

$$\overline{X} = 242,15 \text{ pesos}$$

El valor modal se obtiene observando el valor que más se repite:

$$m_o = 238 \text{ pesos}$$

La mediana se obtiene buscando el valor central (posición séptima):

$$m_e = 239 \text{ pesos.}$$

La mitad de los datos tomó valores de 239 pesos o menos, y la otra mitad tomó valores de 239 pesos o más. Si del conjunto se elimina el dato 219, el número de valores es par N = 12; entonces, la mediana queda indeterminada entre los valores 239 y 242 pesos. Los dos valores corresponden a la mediana, ya que la mitad de los datos tomó valores de 239 pesos o menos, y la otra mitad tomó valores de 242 pesos o más.

Otras medidas de posición son los *fractiles*, valores que representan una fracción del conjunto observado. Se usan cuando los anteriores valores característicos no representan el conjunto observado o cuando el conjunto observado es muy disperso. Su cálculo es muy parecido al de la mediana. Los más conocidos o usados son: los *cuartiles*, que dividen en 4 partes el conjunto observado; los *deciles*, que lo dividen en 10 partes; y los *percentiles*, que dividen el conjunto observado en 100 partes.

Para calcular estas medidas se suelen acumular las frecuencias, sumando a cada frecuencia absoluta todas las anteriores o todas las posteriores, con lo que se obtienen las frecuencias acumuladas. Se define la *frecuencia acumulada izquierda absoluta* F_{ai} como el número de individuos observados que poseen valores menores o iguales que un determinado valor de la variable. Se define la *frecuencia acumulada derecha absoluta* G_{ai} como el número de individuos observados que poseen valores mayores o iguales que un determinado valor de la variable. Si se divide cada frecuencia acumulada por el número total de individuos observados N, se obtienen las frecuencias acumuladas relativas, F_i y G_i respectivamente.

Los *parámetros de dispersión* o *desvíos* son la diferencia entre un valor cualquiera que puede tomar la variable y el valor medio. Estos parámetros indican la distancia a la que se encuentran los correspondientes valores respecto del valor tomado como referencia (alejamiento en magnitud y dirección). Por la propiedad que tienen los baricentros, la suma de todas las desviaciones con respecto a la media es igual a 0 (cero).

$$e_i = x_i - \overline{X}$$

Se llama *varianza* al promedio de los desvíos elevados al cuadrado, multiplicados por f_i. La varianza representa la variabilidad que tienen los datos entre sí, o sea, el área de dispersión de los datos tomando como centro el promedio.[3]

La varianza tiene ciertas propiedades matemáticas, pero es de poca comprensión, ya que las unidades de la variable se expresan al cuadrado ($\$^2$, etcétera).

$$\sigma^2 = \sum_{i=1}^{n} \left(x_i^2\, f_i\right)$$

Se llama *dispersión, desvío típico, desvío tipificado*, o bien *desvío estándar* a la raíz cuadrada de la varianza.[4] El desvío estándar representa la variabilidad o la distancia de los datos en promedio respecto de la media.

$$\sigma = \sqrt{\sigma^2} = \sqrt{\sum_{i=1}^{n} \left(x_i^2\, f_i\right)}$$

Se debe enfatizar que un valor grande de σ indica que la generalidad de los datos está alejada de la media, y un valor pequeño de σ indica que los datos están concentrados en la proximidad de la media aritmética. Pero lo pequeño o grande es relativo, ya que dependerá de las unidades de medición de la variable. Por esto se debe introducir el concepto de *coeficiente de variación* o *dispersión relativa*: es la relación que existe entre el desvío estándar y la media aritmética, multiplicada por 100. Indica, en forma porcentual, si la media aritmética es representativa de la serie de frecuencias. Si se encuentra por debajo del 5%, la media aritmética es representativa de la serie; si está por encima del 20%, los datos están tan dispersos que conviene fraccionar la observación. La franja intermedia del coeficiente de variación pone de manifiesto la subjetividad del analista en determinar cuál es el valor más representativo.

$$C_v = \frac{\sigma}{\overline{X}} \cdot 100$$

[3] Los desvíos se elevan al cuadrado para que la sumatoria no sea nula.
[4] Vuelve a llevar las unidades de la variable a su expresión original.

Resumiendo, el procesamiento de los datos provee información simple y vital referida a un único objeto de estudio. Entonces, la estadística brinda, por medio del análisis, una serie de valores que representan el conjunto estudiado. Los datos pueden ser presentados en forma individual o agrupados, si el número de individuos es muy grande. En este caso, se divide el intervalo total de la variable cierta en subintervalos iguales llamados clases. La variable observada puede tomar todos los valores posibles que van desde el límite inferior hasta el límite superior, representando a cada clase por su centro, llamado *centro de intervalo* o *marca de clase* C_i. Para clasificar los datos, se puede observar la convención de que el límite inferior es inclusivo y el superior es exclusivo.

Ejemplo: En una construcción trabajan 50 obreros que durante un mes han realizado horas extras, repartidas en 10 horas de amplitud según el siguiente cuadro:

Cantidad de horas extra (por mes y por obreros)	10 - 12	20 - 30	30 - 40	40 - 50	50 - 60
Número de obreros	5	12	16	9	8

Se dispone la información en la siguiente tabla (con los datos procesados):

I	x_i	C_i	y_i	F_{ai}	G_{ai}	f_i	$C_i \cdot f_i$	e_i	e_i^2	$e_i^2 \cdot f_i$
1	10 – 20	15	5	5	50	0,10	1,5	−20,6	424,36	42,436
2	20 – 30	25	12	17	45	0,24	6	−10,6	112,36	26,9664
3	30 – 40	35	16	33	33	0,32	11,2	−0,6	0,36	0,1152
4	40 – 50	45	9	42	17	0,18	8,1	9,4	88,36	15,9048
5	50 – 60	55	8	50	8	0,16	8,8	19,4	376,36	60,2176
			50			1	35,6			145,64

La representación gráfica se efectúa mediante un histograma, que está formado por rectángulos cuya base es el intervalo de clase y cuya altura es igual a la frecuencia. La poligonal que en el histograma une los puntos medios de la base superior se llama *polígono de frecuencias*, y se indica con línea punteada.

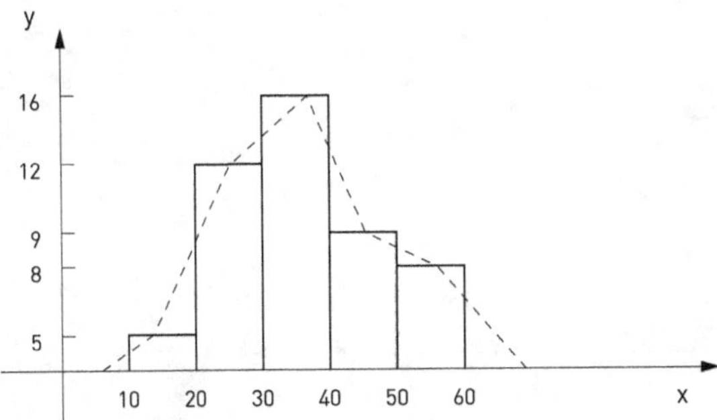

Polígono de frecuencias

Si se representan las frecuencias acumuladas izquierda F_{ai} en términos de *x* se obtiene el siguiente gráfico.

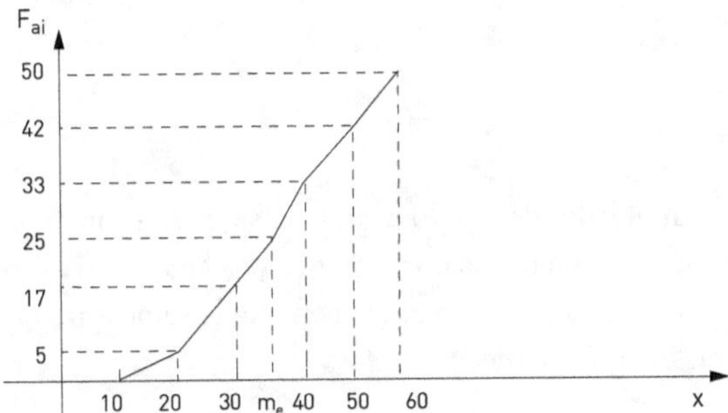

Frecuencias acumuladas a izquierda de F_{ai}

Cálculo de la mediana

La mediana se determina gráficamente en forma aproximada como la abscisa que corresponde a la ordenada igual a $\dfrac{N}{2}$ en el gráfico de frecuencias acumuladas. En el ejemplo:

$$m_e = 35$$

De manera tal, se puede asegurar que el 50% de los obreros ha realizado 35 horas extras o menos, y el otro 50% ha realizado 35 horas extras o más.

Cálculo del modo o moda

Supongamos que m_o es el indicado en la figura. El punto M es un máximo; esto es, si en lugar del histograma se tuviera una curva continua, M sería el máximo de ella. Para que esto se cumpla deben ser los ángulos:

$$\angle AMD = \angle CMB$$

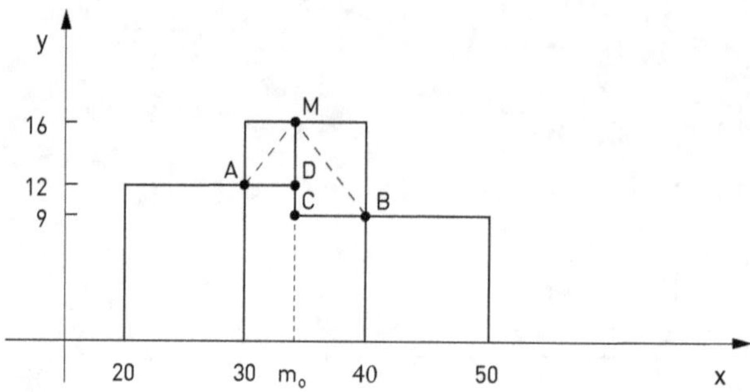

Entonces los triángulos son semejantes:

$$\overset{\triangle}{AMD} \sim \overset{\triangle}{CMB}$$

Y se cumple:

$$\frac{\overline{AD}}{\overline{CB}} = \frac{\overline{MA}}{\overline{MB}}$$

Gráficamente, se puede hallar el valor del modo usando la siguiente construcción, esto es, buscando la intersección de las líneas punteadas en el intervalo modal de máxima frecuencia. La razón de ello estriba en que la semejanza de los triángulos en ambas figuras es equivalente.

Así resulta: $m_o = 34$ horas extras

$$\overset{\triangle}{BMA} \sim \overset{\triangle}{CMD}$$

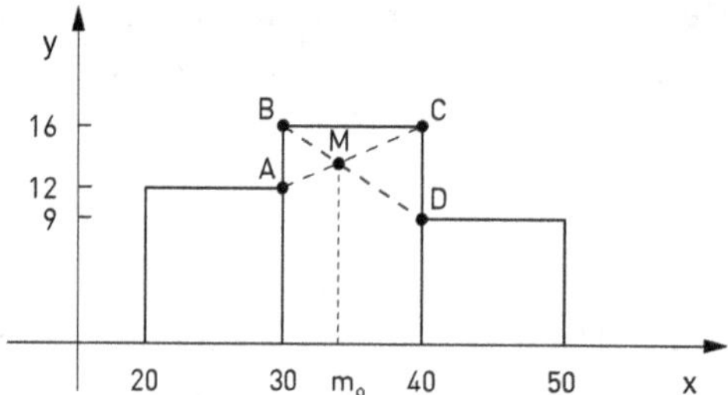

Cálculo de fractiles (cuartiles, deciles y percentiles)

La mediana resuelve el problema de dividir los términos de la serie, ordenados según su valor, en dos mitades. Si lo que interesa es dividir en 4 grupos, los puntos de división se llaman cuartiles. El primer cuartil, que se indica con Q_1, es un valor tal que supera la cuarta parte de los valores de la serie y es superado por las tres cuartas partes restantes; el segundo cuartil Q_2 coincide con la mediana m_e; el tercer cuartil Q_3 supera las tres cuartas partes de los términos y es superado por la cuarta parte restante.

Gráficamente, los cuartiles se determinan mediante el polígono de frecuencias acumuladas. Así, Q_1 y Q_3 serán las abscisas correspondientes a las ordenadas $\dfrac{N}{4}$ y $3\dfrac{N}{4}$, respectivamente.

Los deciles y percentiles se definen de manera análoga; los deciles dividen la población ordenada en 10 partes, y los percentiles, en 100 partes. Si se indica con D_i ($i = 1, 2, \ldots\ 10$) los deciles y con P_i ($i = 1, 2, \ldots\ 100$) los percentiles, D_5 y P_{50} coinciden con la mediana m_e.

Variables aleatorias

Como se dijo anteriormente, el objetivo del cálculo de probabilidades es analizar fenómenos que se producen al azar, denominados *fenómenos aleatorios*.

Cuando se lleva a cabo una experiencia aleatoria, se obtiene una cantidad que lleva asociada una probabilidad de ocurrencia; dicha cantidad recibe el nombre de *variable aleatoria*.

El concepto de una variable aleatoria permite pasar de los resultados experimentales a una función numérica de los resultados. Entonces se puede estipular que una variable aleatoria *x* es una regla bien definida para asignar valores numéricos a todos los resultados posibles de un experimento, regla mediante la cual a cada uno de los resultados de un experimento se le asocia un número. El valor numérico de la variable aleatoria depende del resultado del experimento.

De acuerdo con los enunciados, se puede afirmar que toda variable aleatoria queda definida por una tabla del siguiente tipo:

X	x_1	x_2	x_3	....	x_n
P(x)	$P(x_1)$	$P(x_2)$	$P(x_3)$	....	$P(x_n)$

Los pares ordenados $(x, P(x))$ dan la distribución de la variable aleatoria. La diferencia entre las variables ciertas y las variables aleatorias es que, en las primeras, cada variable lleva asociada una frecuencia de ocurrencia, y las segundas llevan asociada una probabilidad de ocurrencia. Con variables aleatorias se calcula antes de la experiencia *(a priori)*; con variables ciertas se cuenta una vez realizada la experiencia *(a posteriori)*.

Es *variable* porque son posibles diferentes valores numéricos. Es *aleatoria* porque el valor observado depende de cuál de los posibles resultados experimentales aparezca y, además, porque involucra la probabilidad de los resultados del espacio muestral. Es una función de valor real definida sobre el espacio muestral, de manera que transforma todos los posibles resultados del espacio muestral en cantidades numéricas. Según los valores numéricos que asumen, las variables aleatorias se pueden clasificar en variables aleatorias discretas y variables aleatorias continuas.

Se dice que una variable aleatoria es *discreta* si el número de valores que puede tomar es contable (ya sea finito o infinito); es el tipo de variable a utilizar si se quisiera expresar, por ejemplo, la cantidad de unidades defectuosas o la cantidad de vehículos que arriban o parten.

Se dice que una variable aleatoria es *continua* si puede tomar cualquier valor numérico en un intervalo o conjuntos de intervalos. En general, estas variables se relacionan con todos los resultados experimentales que se basan en escalas de medición (tiempo, peso, distancia, temperatura, etcétera).

Distribuciones probabilísticas discretas

La *distribución de probabilidad* para una variable aleatoria discreta es una realización mutuamente excluyente de todos los resultados numéricos posibles para esa variable aleatoria, de modo tal que la probabilidad de ocurrencia se relacione en particular con cada resultado.

Se supone una variable aleatoria discreta *x*, que representa los resultados de un espacio muestral donde los *r* son todos los valores que ella puede tomar. Se define a $P(x = r)$ o $P(r)$ como la probabilidad de que la variable aleatoria *x* tome exactamente el valor *r*; también se denomina *probabilidad puntual* o *función de probabilidad*. Se debe cumplir que la suma de las probabilidades puntuales de todos los valores de la variable aleatoria sea igual a 1.

Se define como *función de distribución* o *función de probabilidades acumuladas* a la probabilidad de que la variable aleatoria *x* sea menor o igual, o bien mayor o igual a un valor específico *r*. Se dividen en:

—izquierda: $P(x \leq r)$ o $F(r) = \Phi(r) = P(x \leq r) = \sum_{i=r}^{n} [P(r_i)]$

—derecha: $P(x \geq r)$ o $G(r) = P(x \geq r) = \sum_{i=r}^{n} [P(r_i)]$

Ejemplo: Sea el experimento de tirar de manera azarosa 4 monedas equilibradas. ¿Cuál es el número de caras que salen? La variable aleatoria *x* es el número de caras que salen, y r_i son los valores que esta puede tomar.

Los sucesos que pueden presentarse y sus probabilidades son:

r_i	0	1	2	3	4
P(r)	$\frac{1}{16}$	$\frac{4}{16}$	$\frac{6}{16}$	$\frac{4}{16}$	$\frac{1}{16}$
Φ(r)	$\frac{1}{16}$	$\frac{5}{16}$	$\frac{11}{16}$	$\frac{15}{16}$	1
G(r)	1	$\frac{15}{16}$	$\frac{11}{16}$	$\frac{5}{16}$	$\frac{1}{16}$

En el cuadro se observa que, al igual que en una serie de frecuencias, además de la función de probabilidad o probabilidad puntual, se encuentran las funciones acumuladas o probabilidades acumuladas (tanto izquierda como derecha).

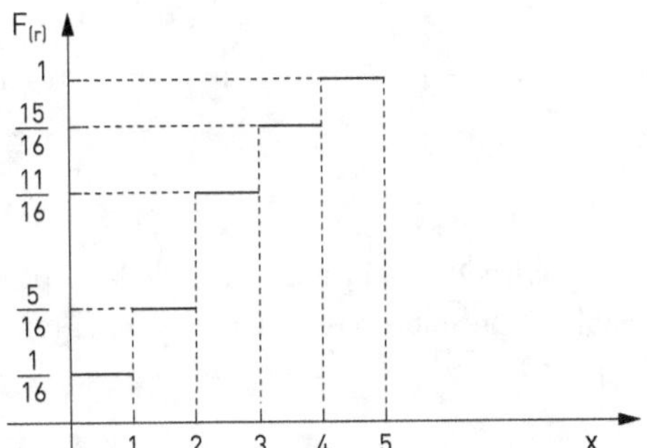

Gráfica correspondiente a la función de probabilidad acumulada izquierda.

Así como para las variables ciertas se trabaja con el valor medio y la varianza, que se calculan a partir de la serie de frecuencias, para las variables aleatorias se definen dos parámetros: la esperanza matemática y la varianza.

Se llama *esperanza matemática*, *valor esperado* o *media*, al valor promedio de una variable aleatoria después de infinitas observaciones. Se obtiene:

$$E(x) = \mu = \sum_{i=1}^{n} \left[r_i \cdot P(r_i) \right]$$

Ejemplo: Siendo la variable aleatoria x la suma de las caras superiores que resulta al arrojar dos dados, se desea saber cuál es la probabilidad de cada valor que toma la variable y cuál es su esperanza matemática.[5]

---

[5] En este caso, la E(x) coincide con uno de los resultados posibles, que es además el más probable. Pero no siempre sucede así.

r_i	2	3	4	5	6	7	8	9	10	11	12
$P(r_i)$	$\dfrac{1}{36}$	$\dfrac{1}{18}$	$\dfrac{1}{12}$	$\dfrac{1}{9}$	$\dfrac{5}{36}$	$\dfrac{1}{6}$	$\dfrac{5}{36}$	$\dfrac{1}{9}$	$\dfrac{1}{12}$	$\dfrac{1}{18}$	$\dfrac{1}{36}$

$$E(x) = \mu = 2 \cdot \frac{1}{36} + 3 \cdot \frac{1}{18} + 4 \cdot \frac{1}{12} + 5 \cdot \frac{1}{9} + 6 \cdot \frac{5}{36} + 7 \cdot \frac{1}{6} + 8 \cdot \frac{5}{36} + 9 \cdot \frac{1}{9} +$$

$$+ 10 \cdot \frac{1}{12} + 11 \cdot \frac{1}{18} + 12 \cdot \frac{1}{36} = 7$$

Se llama *varianza* al valor esperado del cuadrado de las desviaciones de la variable aleatoria respecto de su esperanza matemática. Mide la aleatoriedad misma de la variable, porque indica cuán dispersa puede ser la distribución. Se la indica:

$$V(x) = \sigma^2 = \sum_{i=1}^{n} \left[(r_i - \mu)^2 \, P(r_i) \right]$$

Si se introducen los desvíos respecto de $E(x)$, $e_i = r_i - E(x) = r_i - \mu$ entonces resulta:

$$V(x) = \sigma^2 = \sum_{i=1}^{n} \left[e_i^2 \, P(r_i) \right]$$

Se llama *desvío estándar, desvío típico* o *dispersión* al valor que mide la dispersión de los valores que toma la variable respecto de la esperanza matemática. Surge de la siguiente expresión: $D(x) = \sigma = \sqrt{\sigma^2}$

En el ejemplo anterior, reemplazando y sumando:

$$V(x) = \sigma^2 = \sum_{i=2}^{12} \left[(r_i - 7)^2 \, P(r_i) \right]$$

de donde $\sigma = 2,4152$

Distribuciones probabilísticas continuas

Hasta ahora se han estudiado variables aleatorias que solo pueden tomar valores discretos, pero en la práctica se presentan muchos problemas en los que la variable aleatoria varía en forma continua.

La distribución de probabilidad de una variable aleatoria continua *x* está caracterizada por una función que recibe el nombre de *función de densidad de probabilidad* (fdp). Esta función proporciona un medio para determinar la probabilidad de ocurrencia en un intervalo de la variable ($a \leq x \leq b$), ya que a cada valor que toma la variable aleatoria *x* no se le puede asociar una probabilidad de ocurrencia, porque esta probabilidad vale cero, cualquiera sea el valor *x*.

La gráfica de la función es una curva bajo la cual queda encerrada un área; esta representa gráficamente el espacio muestral de ocurrencia, porque la curva está asociada con los infinitos valores que puede tomar la variable aleatoria y cada intervalo secciona una porción de este espacio muestral. Entonces, como cada porción del espacio muestral es un subconjunto de este, el área de esta porción define matemáticamente la probabilidad de ocurrencia de que la variable aleatoria tome un valor comprendido en ese intervalo.

En resumen, la fdp modela el comportamiento de la frecuencia relativa de ocurrencia de los infinitos valores que puede tomar la variable x y debe cumplir las siguientes propiedades (o condiciones requeridas):

a) Se debe especificar el dominio de la variable:

$$-\infty \leq x \leq \infty$$

b) Para todo valor x que toma la variable aleatoria, la fdp ($\varphi(x)$) es positiva.

c) Se define la función de distribución o función de probabilidades acumuladas como la probabilidad de que la variable aleatoria x sea menor o igual, o bien mayor o igual, a un valor específico. Se dividen en izquierda y derecha, por analogía con el caso discreto: ocurrencia de los infinitos valores que puede tomar la variable x y debe cumplir las siguientes propiedades (o condiciones requeridas):

$$P(x \leq a) = \Phi(a) = \int_{-\infty}^{a} \varphi(x)\, dx$$

$$P(x \geq a) = G(a) = \int_{a}^{\infty} \varphi(x)\, dx$$

d) El área encerrada bajo la curva que describe dicha función, en todo el dominio, es igual a 1.

$$\int_{-\infty}^{\infty} \varphi(x)\, dx = 1$$

e) La probabilidad de que la variable aleatoria x tome valores (o se encuentre) entre un intervalo [a, b] es el área bajo la curva de dicha función entre los límites del intervalo.

$$P(a \leq x \leq b) = \Phi(b) - \Phi(a) = \int_{a}^{b} \varphi(x)\, dx$$

De la última expresión, y por una propiedad conocida de la integral definida, se tiene:

$$P(x = a) = \Phi(a) - \Phi(a) = \int_{a}^{a} \varphi(x)\, dx = 0$$

Si se toman las expresiones resultantes en c), estas integrales son una generalización de la integral definida:

$$\int_a^b f(x)\, dx$$

y se define por paso al límite siempre que este límite exista:

$$\int_{-\infty}^{a} \varphi(x)\, dx = \lim_{\beta \to \infty} \int_{\beta}^{a} \varphi(x)\, dx$$

De acuerdo con lo anterior, parece indispensable conocer el comportamiento de las variables que son de interés definiendo un modelo, que se encuentra representado por una función de densidad. Se estudiarán algunos modelos que se emplean con mayor frecuencia en el estudio de fenómenos aleatorios en disciplinas como la arquitectura, la ingeniería y las ciencias aplicadas, o bien en los negocios y en la economía; en resumen, modelos que se usan en una amplia gama de situaciones experimentales y en diversos problemas inherentes a la toma de decisiones. En este capítulo solamente se desarrollarán dos de ellas.

La distribución normal y la distribución beta

Si se quiere estudiar cómo se distribuye el tiempo de un proyecto (ya sean diseños de prototipos o de productos, o bien obras de todo tipo), se necesitará la distribución normal o Gaussiana. Las duraciones en este tipo de actividades son variables aleatorias que se comportan según una normal.

La *distribución normal* es indudablemente la más importante y la de mayor uso. Es la piedra angular en la aplicación de la inferencia estadística en el análisis de datos, puesto que las distribuciones de muchas estadísticas muestrales tienden hacia la distribución normal, conforme crece el tamaño de la muestra. La apariencia gráfica de la distribución es una curva simétrica con forma de campana, que se extiende sin límite tanto en la dirección positiva como en la negativa.

Ejemplos de uso: datos meteorológicos tales como la temperatura y la precipitación pluvial; mediciones efectuadas en organismos vivos; calificaciones en pruebas de aptitud; mediciones físicas de partes manufacturadas; errores de instrumentación y de otras desviaciones de la norma establecida, etcétera.

Se define la *función de densidad de probabilidad normal* como:

$$\varphi(x) = \frac{1}{\sigma\sqrt{2\pi}} \cdot e^{-\frac{(x-\mu)^2}{2\sigma^2}}$$

donde μ es la esperanza matemática de la variable y σ es la dispersión.

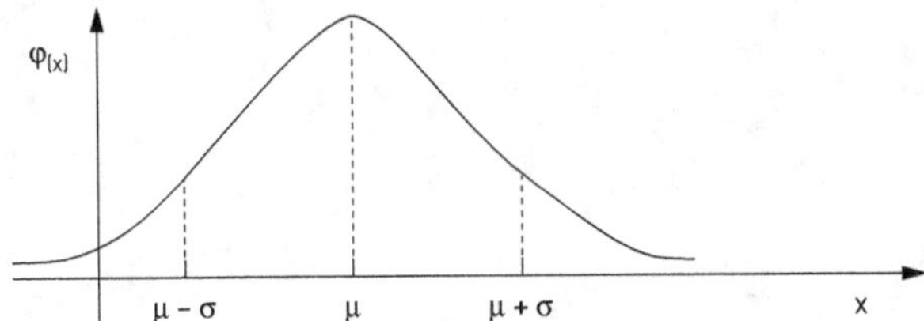

Gráfica de la función
de densidad de
probabilidad φ(x).

Obsérvese que en x = μ el valor proporciona un máximo de la gráfica y, al ser una distribución simétrica, este valor divide el área encerrada por la curva en dos. Se puede resumir que el valor modal (modo o moda) y el valor mediano (mediana) coinciden con la esperanza matemática (media) en el mismo punto, por donde pasa un eje de simetría.

La curva tiene dos puntos de inflexión:

$$x = \mu + \sigma$$
$$x = \mu - \sigma$$

Y tiende asintóticamente a cero para $x \to \infty$ y para $x \to -\infty$.

Geométricamente, el valor de $\Phi(a)$ estará dado por el área bajo la campana de Gauss hasta el valor de a. El cálculo de estas funciones de distribución puede resolverse mediante el uso de integrales.

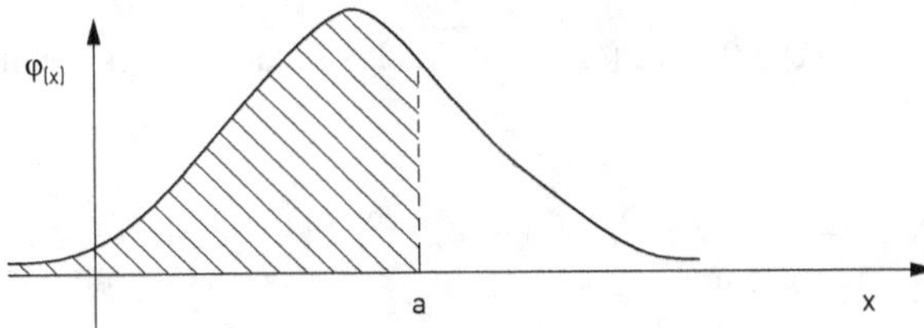

Otra posibilidad es utilizar un método de resolución mediante el uso de tablas, donde a esta distribución se le encuentra otra distribución estándar, a partir de una variable reducida (Z) que permite calcular estas funciones para cualquier distribución normal:

$$Z = \frac{x - \mu}{\sigma} \text{ de donde } dz = \frac{dx}{\sigma}, \text{ ya que } \mu \text{ es una constante.}$$

Esta variable reducida Z es normal con eje de simetría en cero y puntos de inflexión en 1 y –1 ($\mu = 0$ y $\sigma = 1$). La gráfica de distribución de esta variable se observa en la figura.

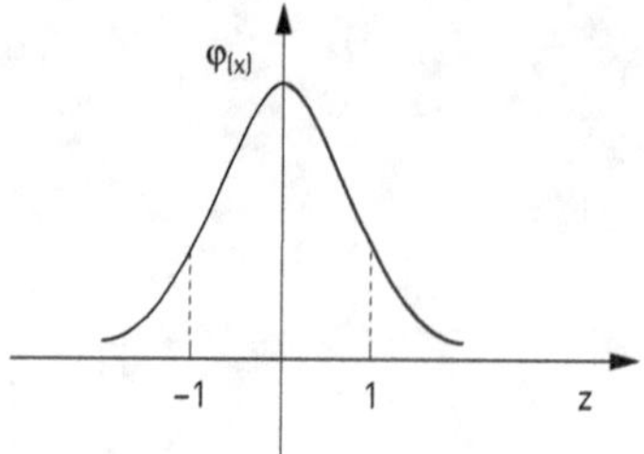

Con este cambio de variables, el valor estandarizado o reducido de a es,

$$Z_a = \frac{a - \mu}{\sigma}$$

Como todos los valores de $\Phi(Z)$ se pueden encontrar en tablas apropiadas, estos procedimientos de cálculo resultan sencillos, ya que reducen el problema a una suma o resta de áreas, de acuerdo con lo que se pida.

Por la propiedad que tiene la distribución normal estándar de distribuirse simétricamente alrededor de su media (que vale 0), se demuestra que:

$$\Phi(-Z) = 1 - \Phi(Z).$$

Ejemplo: Suponiendo que se tiene una variable aleatoria normal, de parámetros $\mu = 10$ y $\sigma = 2$, hallar, usando la tabla de distribución normal estándar, las siguientes probabilidades:

a) $P(x \leq 12) \equiv P(Z \leq 1) = \Phi(1) = 0,8413$ (el 84,13% de la probabilidad está comprendida entre $-\infty$ y 1).

b) $P(6 \leq x \leq 14) \equiv P(-2 \leq Z \leq 2) = \Phi(2) - \Phi(-2) = \Phi(2) - [1 - \Phi(2)] = 2 \cdot \Phi(2) - 1 = 2 \, (0,9773) - 1 = 0,9546$

c) $P(x \geq 13,7) \int P(Z \geq 1,85) = 1 - \Phi(1,85) = 1 - 0,9678 = 0,0322$

Una regla empírica para una distribución normal es la siguiente: el intervalo $\mu \pm \sigma$ contiene el 68,27% de los valores; $\mu \pm 2\sigma$ contiene el 95,45% de los valores; $\mu \pm 3\sigma$ contiene el 99,74% de los valores y $\mu \pm 4\sigma$ contiene aproximadamente el 100% de los valores.[6]

Si se quiere intentar describir cómo se comporta la duración de una actividad determinada dentro, o como parte integrante, de un proyecto, se debe diferenciar

[6] Ver la tabla de distribución normal en el apéndice de este libro.

entre las actividades estandarizadas, mecanizadas o de realización habitual y aquellas actividades que, por sus características, pueden tener una alta dispersión, ya sea porque no son actividades de realización habitual o porque no están estandarizadas. La duración de este segundo tipo de actividades es una variable aleatoria cuyo comportamiento no es simétrico sino que posee una asimetría derecha, en la que el valor modal se encuentra más cerca del límite inferior y son menos probables los valores máximos. Esto puede deberse a casos fortuitos que no dependen de la actividad misma, por ejemplo: falta de suministros, condiciones climáticas, paros sindicales, etcétera. Para estos casos, el comportamiento no es normalizado, de modo que debe determinarse la distribución apropiada. En caso de ignorar, o de no poder determinar la distribución, se puede aproximar el estudio de la variable aleatoria correspondiente con la distribución beta.

La *distribución beta* de probabilidades tiene su importancia en la aproximación de otras distribuciones. También se la utiliza para representar variables físicas aleatorias, de comportamiento no simétrico, cuyos valores se encuentran restringidos a un intervalo de longitud finita, acotado o definido entre *a* y *b*.

Algunas áreas en las que se emplea esta distribución como modelo de probabilidad incluyen la distribución de artículos defectuosos sobre un intervalo de tiempo específico; la distribución de los valores que deben caer entre dos observaciones extremas; la distribución de cantidades que se conocen como límites de tolerancia; y, como se ha mencionado, la distribución del intervalo de tiempo necesario para completar una fase de proyecto en la metodología PERT (evaluación de programas y técnicas de revisión); en este caso, se utiliza la distribución beta generalizada.

Las características de la variable beta se pueden calcular mediante las siguientes expresiones:

$$\mu = \frac{a + 4\,m + b}{6}$$

$$\sigma^2 = \left(\frac{b - a}{6}\right)^2$$

donde *m* es el valor modal o moda de la distribución.

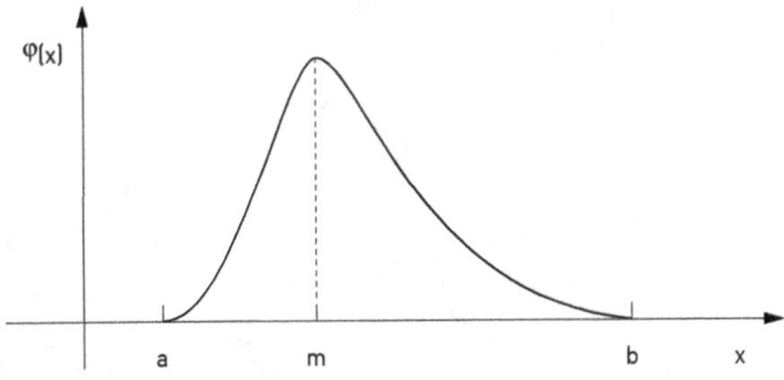

Gráfica de la función de densidad de probabilidad.

Ejemplo: Suponiendo que se tiene una variable aleatoria beta, cuyos límites oscilan entre a = 5 y b = 20 y de valor modal m = 8, hallar: la media, la varianza y el desvío estándar:

a) $\mu = \dfrac{5 + 4\,(8) + 20}{6} = \dfrac{57}{6} = 9,5$

b) $\sigma^2 = \left(\dfrac{20 - 5}{6}\right)^2 = \left(\dfrac{15}{6}\right)^2 = (2,5)^2 = 6,25$

c) $\sigma = \sqrt{6,25} = 2,5$

07. Topografía

La esencia de la técnica moderna descansa en la estructura de emplazamiento. El prevale-
cer de ésta pertenece al sino. Como éste lleva en cada caso al hombre a un camino de hacer
salir lo oculto, el hombre anda siempre al borde de la posibilidad de perseguir y de impulsar
sólo lo que, en el solicitar, ha salido de lo oculto y de tomar medidas a partir de ahí.
MARTIN HEIDEGGER (1889 - 1976)

Objetivos de la topografía

La *topografía* es el arte de medir las distancias horizontales y verticales entre
puntos y objetos sobre la superficie terrestre, medir ángulos entre rectas terrestres y localizar puntos por medio de distancias y ángulos que hayan sido determinados según su conveniencia para cada caso.

Con los datos tomados sobre el terreno y por medio de elementales cálculos que, fun-
damentalmente, usarán conceptos geométricos y una rama de la matemática denominada trigonometría, se calculan distancias, ángulos, direcciones, coordenadas,
elevaciones, áreas o volúmenes, según lo que requiera cada ocasión.

El proceso de medir, calcular y dibujar para determinar la posición relativa de
los puntos que conforman una extensión de tierra es lo que se llama *relevamiento
topográfico*.

El procedimiento que se debe seguir en un relevamiento topográfico comprende
dos etapas fundamentales:

—el *trabajo de campo*, que establece la localización de puntos determinados y la
recopilación de datos necesarios;
—el *trabajo de oficina*, que consiste en la realización de los cálculos posteriores
y la representación gráfica del terreno analizado.

Antes de describir específicamente los elementos con los que se realizan los distintos trabajos en el área de la topografía y el tipo de documentación que se ela-
bora como resultado de los estudios que se hacen, se repasarán algunos
conceptos denominados coordenadas locales.

Coordenadas locales

Las coordenadas locales son aquellas referidas a la posición del observador. Para
un sujeto en posición de pie, ubicado en determinado lugar geográfico, existirá

una línea virtual que pasa por sus pies y su cabeza y que, consecuentemente, recibe el nombre de *vertical* del lugar. Dicha vertical es el eje principal de este sistema de coordenadas. Sus extremos son los puntos llamados *cenit* (Z), el superior, y *nadir* (Z'), el inferior. El plano principal es perpendicular a dicha vertical y, en consecuencia, recibe el nombre de *plano horizontal* o del *horizonte*.

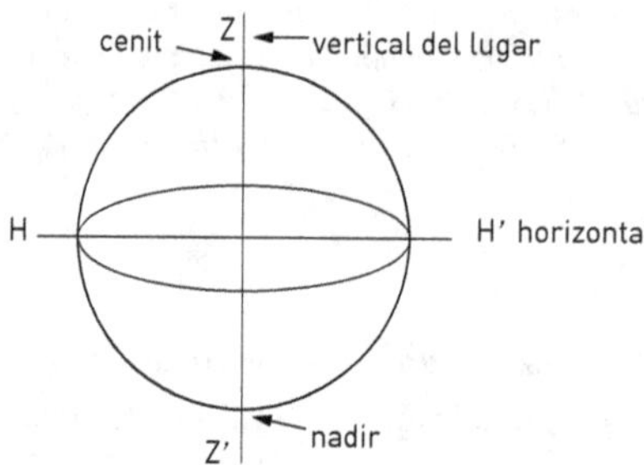

La vertical de un lugar es una recta que podría considerarse materializada por la dirección del hilo de la plomada[1], una herramienta sencilla pero de uso permanente y actual en cualquier obra de arquitectura. Cada lugar de la Tierra tiene su vertical, su cenit y su nadir; existen pues infinitas verticales. Todas las verticales se cortan en el centro del planeta, sin error sensible, aunque no sea una esfera perfecta.

Por su parte, el plano del horizonte puede encontrarse (por ejemplo, en una obra en construcción) materializado en la superficie de un líquido en reposo en un tanque; en el campo de la topografía, se determina mediante la herramienta denominada nivel (de mano, de manguera, óptico o electrónico). Es posible distinguir distintos horizontes.

—El plano perpendicular a la vertical que pasa por el ojo del observador se denomina *horizonte racional* (HH).
—El *horizonte geocéntrico* (H'H') del mismo observador es el plano paralelo al anterior, que pasa por el centro de la Tierra.
—Se denominan *almicantaradas* los círculos paralelos al horizonte del lugar.

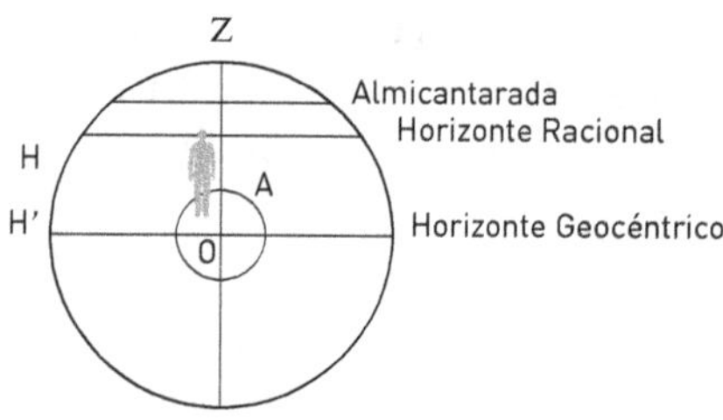

[1]   Véase página 123.

Las coordenadas que permiten ubicar un punto en este sistema son el azimut y la altura.

Se denomina *azimut* de un punto o de un objeto al ángulo formado por el plano vertical que pasa por el punto y por el plano del meridiano de referencia. El azimut se mide –sobre un plano horizontal– convencionalmente de 0° a 360°; también es convencional en los trabajos topográficos que se tome desde el norte (N) hacia el este (E).

La *altura* de un punto es el ángulo formado por un punto de la superficie terrestre (o la visual a un punto elevado) y el plano del horizonte; dicho ángulo se mide sobre un círculo máximo que pasa por el cenit y el nadir.

También se puede definir la altura de un punto elevado como el ángulo formado por la visual dirigida al punto y por su proyección sobre el plano del horizonte. Se mide a partir del horizonte de 0° a +90°, y el complemento ZA de la altura del punto A se llama *distancia cenital* de ese punto.

El azimut y la altura se pueden medir con el teodolito, el cual básicamente permite establecer las coordenadas locales; se complementa con la brújula para la orientación respecto de los puntos cardinales.[2]

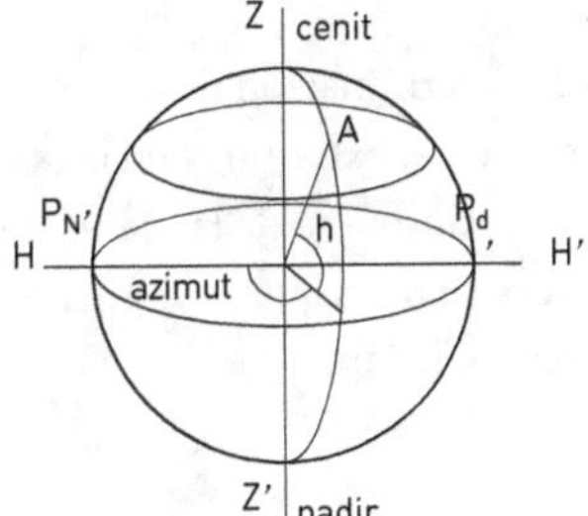

Dispositivos de medición

En la actualidad, coexisten dispositivos de medición ópticos y mecánicos con modernos dispositivos electrónicos. A continuación se describen los elementos básicos utilizados en el trabajo de campo topográfico.

Cinta

Hay cintas de medición de diferentes materiales, longitudes y pesos. Las más comunes son las de tela y las de acero. Las primeras son de material impermeable

[2] Véase página 124 y 125.

y llevan un refuerzo de delgados hilos de acero o de bronce para impedir que se deformen fácilmente con el uso. Pueden ser de 10, 20 o 30 m de longitud; su ancho habitual es $\frac{5}{8}$ de pulgada.

Las cintas de tela no se emplean para levantamientos de mucha precisión o cuando las medidas son muy largas, pues su material constitutivo es propenso a estirarse con el uso y a resultar afectado por la humedad.

Las cintas de acero, por su parte, se emplean para mediciones de precisión. Suelen ser de mayor longitud que las anteriores (las más comunes son de 20, 30, 50 y 100 m) y son, además, más angostas que las de tela ($\frac{1}{4}$ y $\frac{5}{16}$ de pulgada). Tienen como desventaja que pueden quebrarse o partirse con cierta facilidad, accidentes más frecuentes cuando no son manejadas por expertos.

Se utilizan también cintas de hilo sintético y de fibra de vidrio con recubrimiento de plástico. Cuando se trabaja en vecindades de agua salada, es útil el empleo de cintas de bronce y fósforo, pues no son afectadas por el óxido. En relevamientos de alta precisión se utilizan cintas de un material llamado *invar*, una aleación de níquel y acero con un coeficiente de dilatación térmica de aproximadamente $\frac{1}{30}$ del acero, lo que reduce considerablemente los errores. El invar tiene como inconvenientes el ser un material muy blando, de difícil manejo y de alto costo, por lo que las cintas de este material no son utilizadas con mucha frecuencia.

La precaución importante en el uso de las cintas es la determinación de la posición del "cero", ya que en algunas de ellas el inicio está en el extremo, y en otras está alejado 10 cm de su comienzo. En algunos casos, incluso una de las caras de la cinta comienza en un punto distinto del de su reverso, por lo que hay que prestar especial atención a ese detalle cuando se hace una medición.

Piquetes y jalones

Los *piquetes* son varillas de acero de 25 a 35 cm de longitud que poseen en un extremo una punta para clavar y en el otro, una argolla para ser guardados o trasladados. Estos adminículos se utilizan para fijar puntos en el terreno, que serán referencias durante el trabajo de campo.

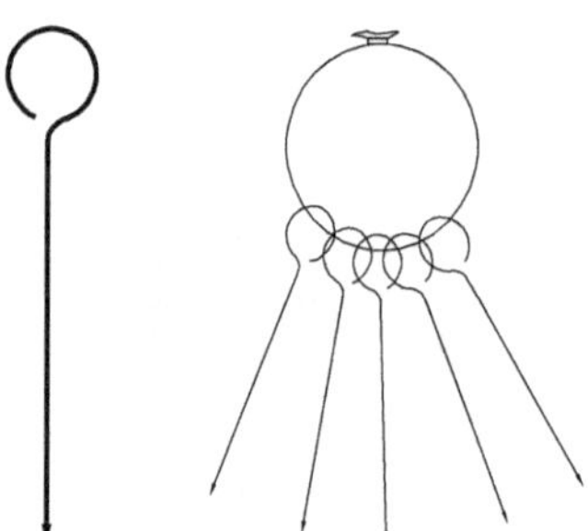

Los *jalones* son varas de metal o de madera que poseen una punta de acero que se clava en el terreno, y sirven para indicar la localización de puntos o la dirección de rectas. Su longitud oscila entre 2 y 3 m, son de sección circular u octogonal, de más o menos una pulgada de diámetro. Están pintados en franjas de 20 cm, de colores rojo y blanco alternativamente.

Plomada

La *plomada* es una pesa, generalmente de bronce y de forma cónica, que tiene por objeto principal determinar la dirección vertical. Esto se logra cuando la plomada permanece estática, suspendida por un hilo, que es el que materializa la dirección debido a la fuerza de gravedad. Como aplicación habitual de esta propiedad, la plomada permite determinar en el suelo la proyección horizontal de un punto que está a cierta altura. El peso clásico de esta herramienta es de 16 onzas, y la base cónica puede poseer un diámetro de aproximadamente 5 cm. Existen plomadas ópticas, utilizadas por ejemplo en la operación de centrar el teodolito.

Teodolito

El *teodolito* es un dispositivo que se adapta a múltiples usos en topografía. Principalmente, se utiliza para medir ángulos horizontales y verticales, para medir distancias por triangulación o para trazar alineamientos rectos. Los teodolitos tienen círculos hechos de vidrio; la lectura de los ángulos se realiza por medio de micrómetros. Hoy existen en el mercado teodolitos electrónicos que obviamente son de mucha mayor precisión que los antiguos óptico-mecánicos, aunque estos últimos continúan usándose.

El teodolito se compone de un telescopio que puede girar respecto de un eje vertical y de un eje horizontal. Para medir esos giros posee un círculo horizontal y uno vertical. Suele estar provisto de una brújula y queda montado sobre un trípode. Sobre este último va montado un plato con niveles de burbuja y tornillos de ajuste para poder nivelar el dispositivo, de modo que el cono de medición sea perpendicular al plano de proyección.

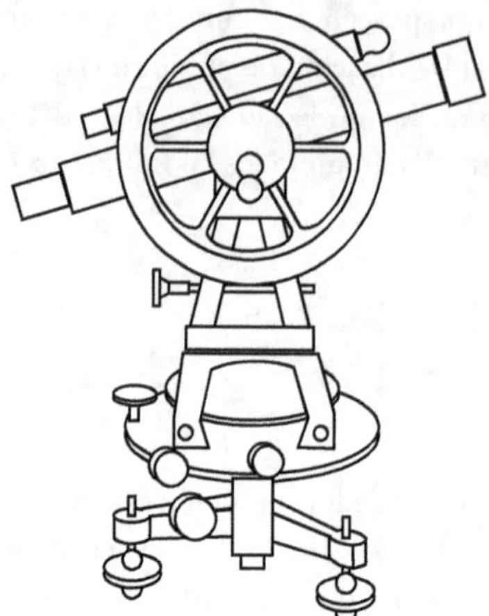

Teodolito
óptico-mecánico

Niveles y miras

Estos dispositivos son utilizados para nivelaciones. Los *niveles* se usan para lanzar las visuales horizontales y las *miras* para medir las distancias verticales.

En cuanto a los niveles, los hay de varios tipos. Tienen dos características principales: la línea de vista está materializada por un anteojo óptico y un nivel de burbuja determina la posición horizontal.

Los niveles de precisión se montan habitualmente sobre un trípode como el que poseen los teodolitos, pero la diferencia fundamental con estos últimos es que el nivel no tiene eje horizontal, en tanto que los teodolitos sí lo tienen. Los niveles de mano se usan para nivelaciones de poca precisión. Constan básicamente de un anteojo sobre el que va montado un nivel de burbuja para determinar la horizontal sobre la que se lanzará la vista. El nivel más sencillo de uso en la construcción es el llamado de manguera, que consiste en una manguera plástica transparente, que se llena de agua y permite establecer puntos de igual altura mediante el principio de los vasos comunicantes.

Las *miras* son reglas verticales cuya longitud varía de 3 a 6 m; las hay de enchufe y plegables. En ciertos casos, se las monta sobre trípodes para nivelaciones de precisión.

Brújula

Este antiguo y muy conocido instrumento, cuyo funcionamiento está basado en el magnetismo terrestre, permite determinar rumbos de mediciones a partir de una aguja magnética y un cuadrante graduado de 0º a 360º, con origen en el punto cardinal norte (N), para leer los azimutes.

Estaciones totales

Se denominan *estaciones totales* los instrumentos que combinan un teodolito electrónico y un medidor electrónico de distancias con su correspondiente microprocesador. Así, con una estación total se puede determinar la longitud y la dirección de cada visual en forma muy exacta y rápida.

Sistema de Posicionamiento Global (GPS)

Es un dispositivo de medición tridimensional que utiliza señales de radio proporcionadas por el sistema *Navigation Satellite Time and Range* (Navstar) del gobierno de los Estados Unidos. Consta de 3 segmentos principales: el espacial, que es un conjunto de varios satélites; el terreno, compuesto por estaciones terrestres, distribuidas en forma estratégica en todo el mundo, que envían permanentemente información a los satélites; y, por último, el usuario, que es cada uno de los instrumentos receptores, que cuenta con los correspondientes software de postproceso, utilizados para recibir las señales de los satélites.

Planimetría y altimetría

La *planimetría* toma en cuenta exclusivamente la proyección del terreno sobre un plano horizontal imaginario que, supuestamente, es la superficie media de la Tierra.

La *altimetría* tiene en cuenta las diferencias de nivel existentes entre los distintos puntos de un terreno.

Para la elaboración de un plano topográfico habrá que determinar la posición y la elevación de cada punto del terreno relevado; por ello resulta necesario conocer estas dos partes de la topografía.

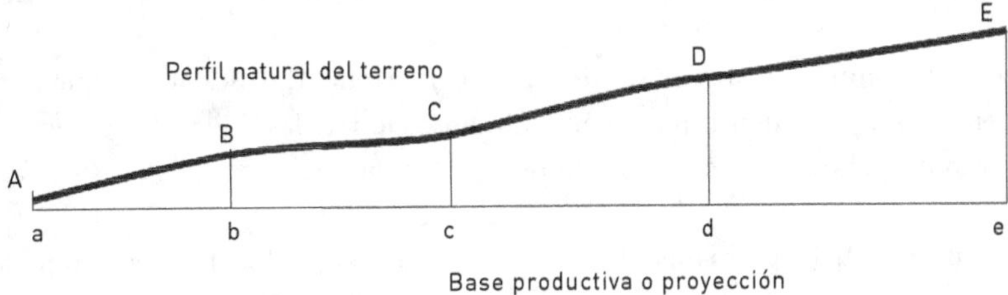

En la planimetría, el plano horizontal de referencia se denomina *base productiva* y es la que se considera cuando se habla del área de un terreno. Las distancias se toman sobre esta proyección.

Los métodos empleados en topografía son estrictamente geométricos y trigonométricos. Por ello, todo terreno o superficie plana o en desnivel debe esquematizarse con líneas rectas y ángulos que conformen figuras geométricas simples. Los terrenos se asemejarán, entonces, a polígonos, lo que permitirá, con errores aceptables, calcular su área y sus cotas de nivel. Una vez definidos los vértices del terreno que se desea medir, se procede a trazar las rectas entre ellos por medio de puntos intermedios alineados y se miden sus longitudes mediante una cinta o por cualquier otro procedimiento. En forma práctica, se deben fijar puntos sobre los límites del terreno; dichos puntos constituirán los vértices del polígono. Estos puntos pueden ser:

—Puntos instantáneos o momentáneos: son aquellos que se necesitan en un determinado momento, pero que luego pueden desaparecer. Se determinan por medio de piquetes o jalones.

—Puntos transitorios: son puntos que deben perdurar mientras se termina el trabajo, pero que posteriormente pueden desaparecer; generalmente, son estacas de madera.

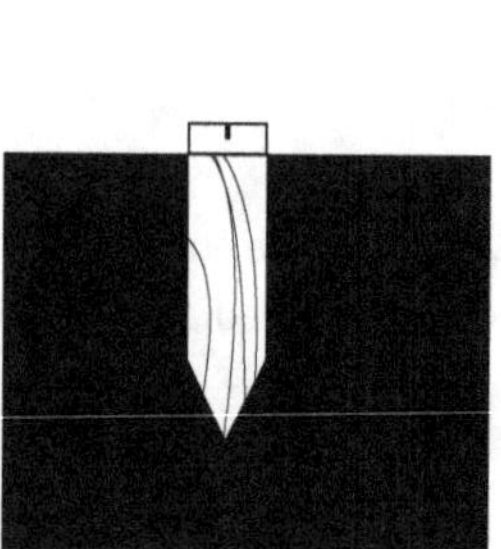
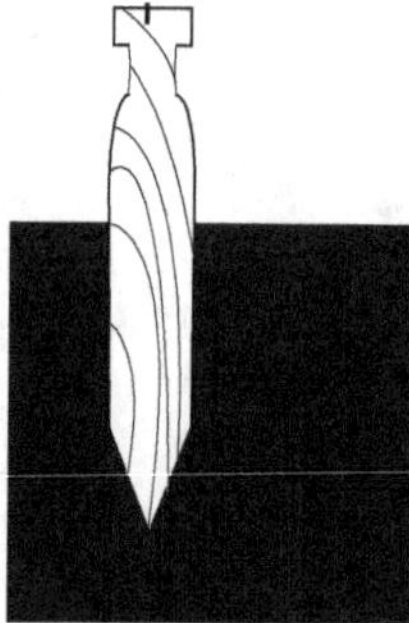

Estaca de punto

Estaca de chaflán

—Puntos definitivos: son aquellos que no pueden desaparecer una vez realizado el trabajo. Son fijos y determinados. De estos puntos hay que considerar dos clases:

1) Punto natural: es un punto existente en el terreno, fijo, destacado, que puede identificarse fácilmente; por ejemplo, intersección de las orillas de dos ríos, punto más alto de un cerro o prominencia de una roca.

2) Punto artificial permanente: en general, es un mojón formado por un paralelepípedo de concreto de 10 cm x 10 cm de sección y de 60 cm de longitud, y que sobresale unos 5 cm sobre el terreno.

Unidades empleadas en la topografía

Tanto en planimetría como en altimetría es necesario medir ángulos y longitudes, calcular superficies y volúmenes. Por lo tanto, es conveniente repasar las unidades más usuales.[3]

[3] Ver la tabla de conversiones entre diferentes unidades de medida en el apéndice de este libro.

Las unidades de medición angular son el grado (°), el minuto (') y el segundo ("),
correspondientes al sistema sexagesimal. En la mayoría de los trabajos topográficos es suficiente con tomar los ángulos con precisión de hasta el minuto. En
los trabajos que requieren mayor precisión, los ángulos se toman al segundo e,
incluso, hasta la décima de segundo.

En la mayoría de los países, hoy está establecido el sistema métrico cuya unidad
de medición longitudinal es el metro (m), con sus múltiplos y submúltiplos.
Puede decirse, en forma general, que en topografía, las longitudes se toman con
ajuste en centímetros y solo en casos excepcionales se requiere más precisión.

Las áreas usualmente se expresan en metros cuadrados (m^2). Si el área es lo suficientemente grande, se expresa en hectáreas (ha), o en fanegadas (fg). La fanega-
da no es una medida de gran precisión y puede diferir de una región a otra del
mundo. Las relaciones entre dichas unidades son las siguientes:

1 ha = 10.000 m^2
100 a = 10.000 m^2
64 a = 6400 m^2
1 fg = 64 a
1 fg = 0,64 ha

Los volúmenes se expresan en metros cúbicos (m^3), aunque ciertos países man-
tienen como unidades las yardas cúbicas (yd^3) o los pies cúbicos (p^3) (unidad
que también se usa en la Argentina, junto con el m^3, para cómputos de madera).

Mediciones con cinta

Originalmente se empleaba para medir una cadena de cien pies de longitud,
compuesta de cien eslabones, cada uno de un pie. Cada diez pies, o sea cada
10 eslabones, tenía una señal de bronce que indicaba el número de segmentos
de 10 eslabones desde el origen. Por este motivo, el que maneja la cinta recibe
el nombre de *cadenero*. Para medir la distancia entre dos puntos en un terreno
plano, se requieren dos individuos, que se denominan cadenero trasero y cadenero delantero.

Inicialmente, se deben colocar jalones en los extremos para determinar la alineación. El cadenero trasero coloca el cero de la cinta en el punto de partida, mientras que el delantero, que lleva la caja o el carrete de cinta, avanza en dirección al
otro punto. Al llegar al extremo de la cinta, el cadenero trasero, mediante señas
de mano, alineará al cadenero delantero en dirección precisa hacia el siguiente
jalón, de modo de colocar un piquete sobre la recta.

Luego tensa la cinta, y cuando el cadenero trasero la tenga sujeta, coincidiendo el piquete/jalón con el cero de la cinta, el delantero coloca el piquete frente a la división final de la cinta. Como comprobación, se vuelve a tensar la cinta y se ve si es correcta la medición; si esto ocurre, se avanza, arrancando el cadenero trasero el último piquete y partiendo desde el último piquete que clavó el cadenero delantero, y luego se repite la operación hasta llegar al jalón. Así, el número de piquetes que tenga el cadenero trasero será igual al número de veces que se midió con la cinta completa y tensada en toda su longitud. La comprobación con los piquetes es importante, porque es fácil equivocarse por distracción en el número de cintadas.

Cuando la alineación se lleva a cabo por medio de un teodolito, puesto en uno de los extremos de la línea que se quiere medir, entonces el que está a cargo del instrumento debe dirigir, por medio de señales de mano, al compañero de medición para mantenerlo alineado e indicarle la posición correcta del jalón en cada caso.

Si se necesita ir estacando la línea medida a distancias dadas, se coloca una estaca en el sitio del piquete que marca cada cintada. Luego, manteniendo tensa la cinta, se determina en qué punto de la cabeza de la estaca cae la división buscada y se clava en este punto un clavo o tachuela. Como paso siguiente, deben verificarse la medida y el alineado del punto en la recta. La cinta debe tensarse tanto como sea posible para evitar que se forme una catenaria, es decir, que se curve por su propio peso.

Cuando el terreno es muy inclinado, se mide por partes, tomando tramos tan largos como sea posible, y manteniendo la cinta horizontal, paralela a la base de proyección. Se utiliza entonces la plomada para proyectar el cero sobre el punto donde debe ir el piquete. Cuando no se requiere mucha precisión, se puede utilizar un jalón en vez de plomada, cuidando que este quede vertical.

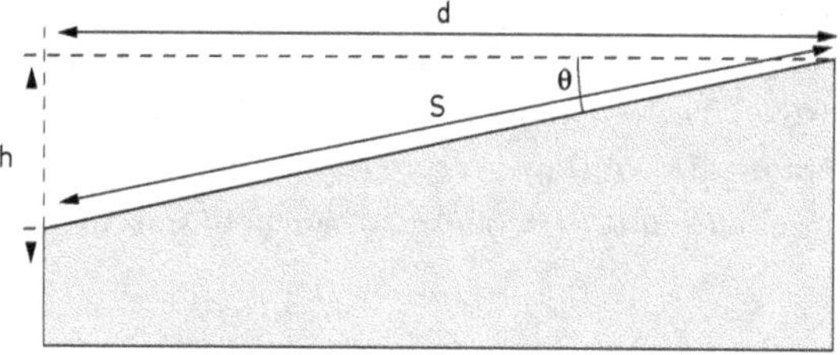

En ciertas ocasiones, conviene más medir la distancia inclinada (S) y tomar la pendiente, o la diferencia de altura entre los extremos de esta, para luego calcular la correspondiente distancia horizontal, despejando la distancia de acuerdo con la siguiente fórmula:

$$d = S \cos\theta = \sqrt{S^2 - h^2}$$

La diferencia de altura se puede determinar con un nivel de mano.
Se puede determinar rápidamente en forma aproximada la distancia horizontal, conocida la distancia inclinada mediante la corrección por pendiente; siendo Ch la corrección debida a la pendiente, se determina que:

$$Ch = S - d$$

Por el teorema de Pitágoras se cumple la siguiente ecuación:

$$h^2 = S^2 - d^2 = (S + d)(S - d)$$

Cuando la pendiente no es muy grande, el valor de h es relativamente pequeño respecto de S. Suele suceder que: $S + d = 2S$
Por lo tanto:

$$h^2 = 2S(S - d)$$

De este modo, se puede despejar la distancia horizontal:

$$d = S - \frac{h^2}{2S}$$

Puede comprobarse con ejemplos numéricos que el error cometido al aplicar esta fórmula es despreciable.

Medición de un ángulo

Es posible medir ángulos con cinta métrica mediante sencillos mecanismos trigonométricos. Veamos el caso de medir el ángulo $B\hat{A}C$: se miden n metros sobre los segmentos $\overline{AB}$ y $\overline{AC}$; se determinan los puntos b y c de acuerdo con la distancia elegida. Se clavan piquetes en dichos puntos; y se mide la longitud de la cuerda $\overline{bc}$, entonces:

$$\text{sen } \frac{\alpha}{2} = \frac{\overline{bc}}{n} = \frac{\overline{bc}}{2n}$$

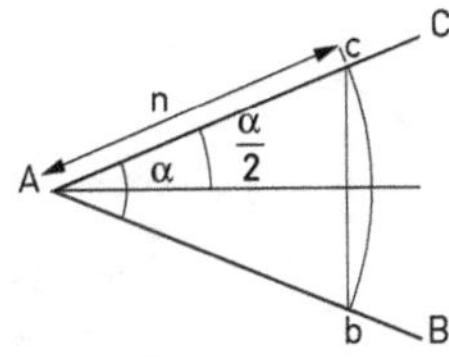

Levantamiento de un lote por cinta únicamente

Para medir un terreno con cinta únicamente, hay que dividir, en la forma más conveniente, el terreno en triángulos y tomar las medidas suficientes (lados, alturas y ángulos) para poder calcular la superficie total y para poder dibujar el plano.

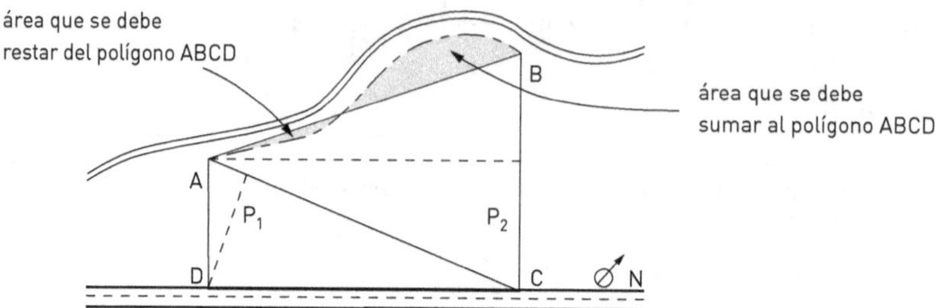

Se debe procurar, hasta donde lo permita el terreno, que los triángulos no presenten ángulos demasiado agudos, para no disminuir la precisión del levantamiento. Los detalles como, por ejemplo, los linderos que no son líneas rectas, sino irregulares, se toman por el método de izquierdas y derechas: se colocan piquetes a distancias fijas, o bien donde se crea necesario por haber un cambio brusco en la forma del lindero, y se miden las perpendiculares a las líneas hasta el lindero. En general, las distancias no deben ser mayores a 15 m para poder trazar las perpendiculares a ojo sin cometer mayor error. Por último, se calcula el área de los triángulos principales, a la cual se le suma o resta el área de detalles por izquierdas y derechas, según el caso.

Para el cálculo de superficies de triángulos, las ecuaciones que deben utilizarse son las siguientes:

$$S = \frac{b \cdot h}{2} = b \, a \, \frac{\operatorname{sen} \alpha}{2}$$

$$S = \sqrt{p(p - a)\,(p - b)\,(p - c)}$$

En estas ecuaciones, S es la superficie y p es el semiperímetro:

$$p = \frac{a + b + c}{2}$$

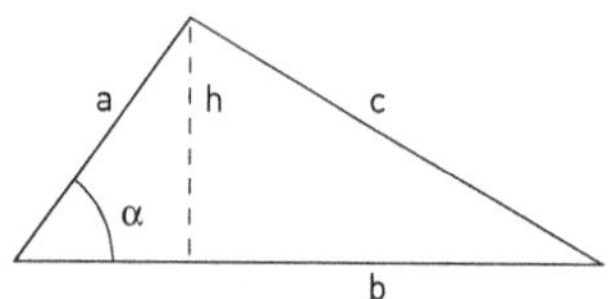

En el caso de los trapecios, la superficie se puede hallar a partir de la siguiente ecuación:

$$S = \frac{h(B + B')}{2}$$

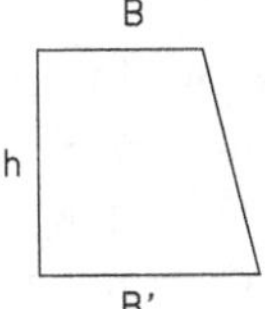

Cuando se trata de un área formada por una serie de n trapecios de igual altura h, el área total será:

$$S = h \left(\frac{b_1 + b_2}{2} + \frac{b_2 + b_3}{2} + \cdots\cdots + \frac{b_{n-1} + b_n}{2} \right)$$

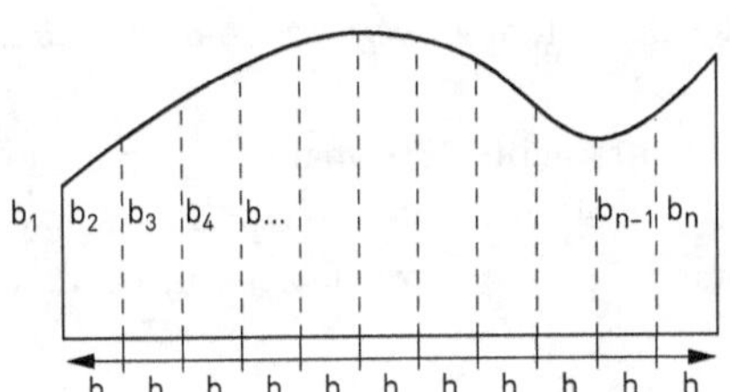

Errores

Es conveniente distinguir entre exactitud y precisión de una medida. La *exactitud* es la aproximación a la verdad, mientras que la *precisión* es el grado de afinación en la lectura de una observación o el número de cifras con que se efectúa un cálculo. De esto surge que es más importante la exactitud que la precisión.

Cuando se mide una magnitud, se presentan errores cuyo valor se desconoce y que se deben a muchas causas, por lo cual una medida nunca es realmente verdadera.

De acuerdo con su causa, los errores pueden ser: *instrumentales*, es decir, provenientes de imperfecciones o desajustes en los instrumentos de medida; *personales*, como los debidos a limitaciones en la vista o el tacto del observador; *naturales*, causados por variaciones de ciertos fenómenos, como la temperatura, el viento, la humedad, la refracción o la declinación magnética.

Se denomina *error real* la diferencia entre la medida de una cantidad y su valor verdadero. Si la medida es mayor que el valor verdadero, el error es por exceso o positivo; en caso contrario, se dice que es por defecto o negativo. El error real se produce por la acumulación de errores diferentes debidos a diferentes causas. La diferencia entre dos mediciones de la misma magnitud se llama *discrepancia*.

Se denomina *error sistemático* aquel que se repite en la misma cantidad y con el mismo signo en igualdad de condiciones. Todo error sistemático obedece siempre a alguna ley matemática o física, por lo cual puede determinarse y aplicarse la correspondiente corrección. El error sistemático total de un cierto número de mediciones es la suma algebraica de los errores de cada medición.

Un *error accidental* es aquel debido a una combinación de causas ajenas a la pericia del observador, y al que no puede aplicarse ninguna corrección. En cada observación, la magnitud y el signo del error accidental son casuales, por cuya razón no pueden corregirse en cálculos, como sucede con los sistemáticos. Sin embargo, este tipo de errores suelen obedecer a las leyes de probabilidad. Entre los errores accidentales de la misma cantidad se produce siempre alguna compensación, por lo cual se les llama también *errores compensables*.

Los errores accidentales tienen carácter puramente ocasional y no hay modo de determinarlos ni eliminarlos. Así, según el cálculo de probabilidades, los errores accidentales tienden a aumentar proporcionalmente a la raíz cuadrada del número de mediciones.

$$\pm \text{ error accidental} \times \sqrt{\text{cantidad de mediciones}}$$

Ejemplo: Si el error accidental de cada cintada fuese de 0,01 m, el error accidental total que se tendría en 100 cintadas será $\pm 0,01 \text{ m} \times \sqrt{100} = \pm 0,10 \text{ m}$. De modo que el error accidental en 100 cintadas no pasaría de 10 cm.

Diferente es el caso del error sistemático, ya que este se repite en igualdad de condiciones de medición en cantidad y en signo, de modo que el error sistemático total será igual a la sumatoria de cada uno de los errores sistemáticos. Es decir: de haber +0,01 m de error sistemático en cada cintada, en 100 cintadas se estará en presencia de un error sistemático total de $+0,01 \text{ m} \times 100 = 1 \text{ m}$.

El error accidental tiene menor importancia que el sistemático en igual magnitud. En los levantamientos corrientes se hace todo lo posible por evitar los errores sistemáticos, y la precisión de una medida depende entonces del error accidental del que esté afectada.

Para tener una idea del valor probable, o de la precisión probable de una medición en la cual se hayan eliminado los errores sistemáticos, hay que recurrir a la teoría de probabilidades, que trata de los errores accidentales de una serie de errores iguales o semejantes. Esto implica suponer que:

—Los errores pequeños son más frecuentes que los grandes.
—No se cometen errores muy grandes.
—Los errores accidentales pueden ser positivos o negativos.
—El verdadero valor de una cantidad es la media de un número infinito de observaciones análogas, que responde a la fórmula siguiente, donde n → ∞:

$$M = \frac{M_1 + M_2 + M_3 + \cdots + M_n}{n}$$

Con estas premisas, nunca se llega a conocer el verdadero valor de una cantidad, ya que es imposible realizar un número infinito de mediciones. Pero para acercarse a un valor altamente probable, es entonces necesario realizar numerosas mediciones y minimizar los errores sistemáticos.
Teniendo en cuenta la suposición que afirma que el error accidental puede ser tanto en exceso como en defecto, la media de las mediciones arrojará el valor más probable equilibrando los errores accidentales.

Ejemplo: Se toman las siguientes 4 mediciones de una longitud:

1) 10,41

2) 10,38

3) 10,45

4) 10,42

La media matemática es

$$\frac{10,41 + 10,38 + 10,45 + 10,45}{4} = 10,415$$

Queda establecido entonces que el valor más probable es 10,415.

Finalmente, cuando el error se comete debido a una falta de criterio o a una confusión del observador se habla de una *equivocación*. Estas equivocaciones no entran en el estudio y teoría del error, y más bien se descubren y eliminan repasando todos los pasos previos del trabajo.

Correcciones a las mediciones

Es importante saber cuáles son los posibles errores implicados en la utilización de los elementos de medición. A continuación, se describen los errores sistemáticos en mediciones con cinta y sus correcciones.

—Cinta no estándar: el error ocurre porque la cinta no tiene realmente la longitud que indica. Esto se evita comparándola respecto de una medida patrón que sea precisa y aplicando la corrección.

—Alineamiento imperfecto: se presenta cuando el cadenero delantero coloca el piquete fuera del alineamiento, lo que da como resultado una longitud mayor. Cuando no es demasiado grande la cantidad en que se desvía el piquete de la recta, este error puede ser despreciable, pues, por ejemplo, el desalinearse 0,20 m en una cintada de 20 m, genera un error de tan solo 0,001 m por metro.

—Falla de horizontalidad en la cinta: produce un error similar al del alineamiento imperfecto, y da una longitud mayor que la real. Esta es una de las principales fuentes de error en una medición, por lo que la mejor manera de evitarlo es utilizar un nivel de mano para asegurarse de que la cinta quede horizontal durante la medición.

—Cinta no recta: en ciertos casos, debido al viento o a los obstáculos, la cinta no queda recta. Este error es variable y produce errores en la lectura. Al cadenear debe asegurarse la correcta tensión de la cinta.

—Otros errores accidentales: la lectura de la cinta, la colocación de la plomada y de los piquetes suelen conllevar errores accidentales que, según se ha explicado antes, varían como la raíz cuadrada del número de cintadas.

—Variación en la longitud de la cinta debido a la temperatura: la cinta se expande y contrae con las variaciones de temperatura. Una cinta de acero de 30 m de longitud tiene una variación de 0,0035 m ante un cambio de 10°C de temperatura. En general, no deben hacerse lecturas con condiciones extremas de temperatura. Las cintas están estandarizadas para una temperatura dada.

—Variaciones por tensión: las cintas están calibradas para una determinada tensión, y siendo algo elásticas, se acortan o alargan a medida que la tensión aplicada varía. Este error se tiene en cuenta solo en mediciones de alta precisión.

—Formación de una catenaria: la catenaria es la curva que se genera por el peso propio de la cinta y evita que esta permanezca absolutamente recta al realizar una medición. Este error puede evitarse aplicando una tensión tal que produzca un alargamiento que contrarreste el error generado por la catenaria (dado el peso propio de la cinta).

—Añadir o quitar una cintada: se evita mediante el conteo de los piquetes o contando las estacas.

—Añadir un metro: puede ocurrir cuando se mide el extremo de la recta con una fracción de cintada. El error se elimina midiendo la recta en el otro sentido o, al menos, la fracción del extremo. También ocurre cuando se toman otros puntos, diferentes de los marcados en la cinta, como origen o extremo de la cinta. Debe observarse si la cinta trae un metro extra, graduado, en uno de sus extremos, pues algunas lo tienen.

Es necesario leer a conciencia la cinta para evitar confusiones tales como 68 en vez de 89, o confundir el 6 con el 9. Al dictar las cantidades a un anotador, hay que asegurarse de que este haya escuchado y anotado correctamente.

Es conveniente, además, hacer una estimación a ojo de las distancias, para cerciorarse de que la medida se ciña a la realidad. Si se trabaja con teodolito, se puede realizar una verificación con la distancia por triangulación.

Problemas de aplicación

1) ¿Cómo se puede determinar la altura de un edificio con un teodolito y una cinta métrica, aun cuando no se accede a él?
Este problema es equivalente al de determinar la altura de un punto inaccesible respecto del observador, si se conoce la ubicación de la vertical de dicho punto (o se puede establecer virtualmente por triangulación).

En la figura dada a continuación, se esquematiza el edificio y la posición del observador (A):

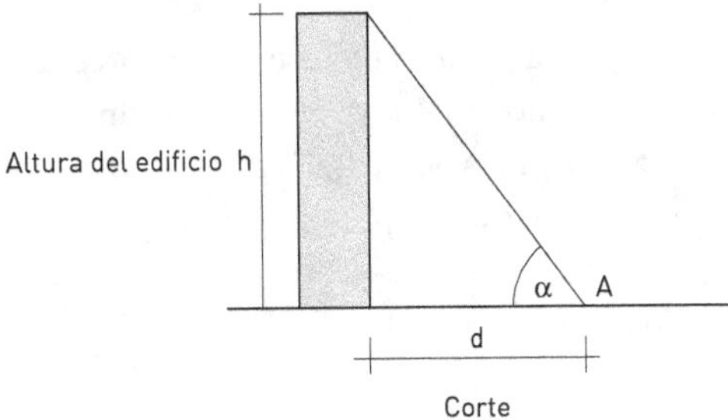

Con el teodolito se efectúa una visual al punto más alto del edificio y se determina el ángulo α.

Dado que es posible medir la distancia d del observador al edificio, se establece su altura mediante la fórmula:

$$\operatorname{tg}\alpha = \frac{h}{d} \Rightarrow h = d \operatorname{tg}\alpha$$

Si el observador estuviera a 100 m del edificio, y el ángulo α resultara $\alpha = 30°$, entonces sería h = 57,73 m.

2) Se analiza una planta de un área abierta, donde se desea establecer la posición de un punto que puede resultar inaccesible y se desea determinar alguna de las dimensiones no accesibles por cintado, y también su posición respecto del observador y la dirección cardinal norte (N).

El esquema es el que se muestra en la figura, donde A es la posición del observador, B la del punto considerado inaccesible por un cauce intermedio y C un punto auxiliar usado para la medición.

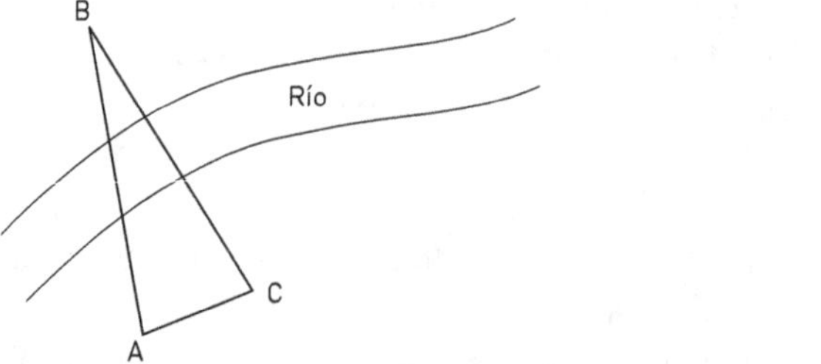

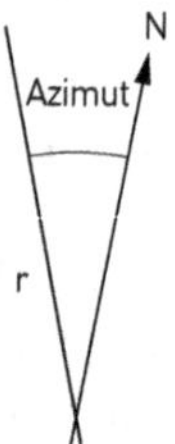

El observador ubicado en A establece un punto auxiliar C, determinando la medida de $\overline{AC}$ con cinta. Luego con el teodolito puede establecer los ángulos $B\hat{A}C$ y $A\hat{C}B$, con lo que queda determinado el triángulo $A\hat{B}C$, del que se conocen todos sus ángulos (el tercero por diferencia) y la medida de uno de sus lados, lo que permite fijar con precisión la ubicación del punto B, aun cuando resultara inaccesible.[4]

Con la ayuda de una brújula y trazando una paralela (la recta r) a la dirección AB, se puede medir el azimut, que se denota a = N(n°)W, donde la primer letra indica el punto cardinal al cual se refiere la notación (N), luego se escribe el valor en grados del azimut (n°) y finalmente hacia qué punto cardinal se mide respecto del norte (N); en este ejemplo resulta hacia el oeste (W), indicado utilizando la habitual notación sajona (Oeste = West).

---

[4] La resolución de un triángulo de estas características se puede ver completa en el último ejemplo de este capítulo, referido a la planta de un terreno trapezoidal.

3) Debe determinarse la mancha de sol de acuerdo con el azimut y la altura producida por la luz solar que ingresa a un recinto, que se estima, posee un vano de 2,50 m de altura (tomados a partir del piso).

En la siguiente figura se muestra, en primer lugar, un esquema de incidencia de rayos solares en una superficie como la terrestre.

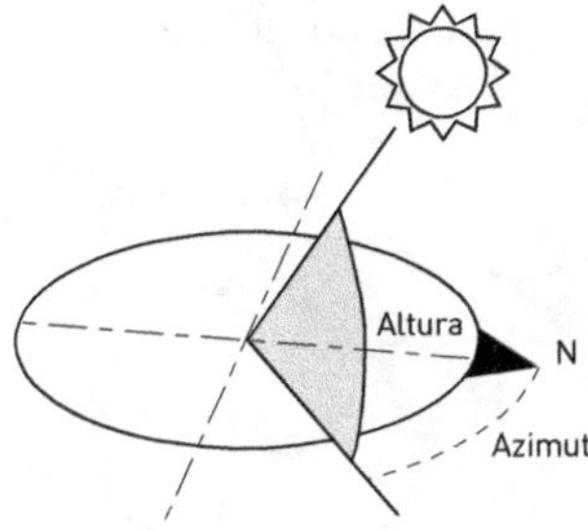

El ábaco, llamado *de líneas dominantes de luz*, marca la proporción de sombra o de luz, según el caso, que corresponde a una determinada altura del sol respecto de una superficie horizontal.

Ese ábaco, que se reproduce a continuación, se usa colocando en escala la medida del elemento (representado por una línea horizontal resaltada en negro) cuya proyección se quiere obtener según la altura del sol, que corresponde en este caso a los 45°. Al ser la inclinación de la luz solar de una medida determinada, la altura de cualquier elemento vertical es igual en tamaño a la sombra que proyecta. Una persona de 1,80 m de altura de pie proyecta una sombra de ese mismo largo cuando los rayos del sol inciden a 45°; la sombra de un edificio es igual a su altura, etcétera.

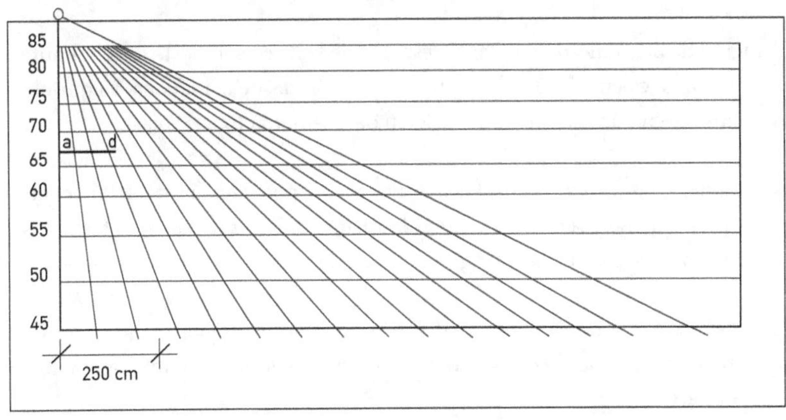

Ábaco de líneas
dominantes de luz

A partir de la medida de referencia, la sombra (o la luz que entra en un local a través de sus vanos) se reduce a medida que la altura del sol aumenta. Por el contrario, cuando la altura del sol va siendo menor, las sombras se alargan o su luz penetra más profundamente a través de ventanas o vanos que estén expuestos a su presencia en el cielo diurno.

Para el ejemplo, se ubica en escala en la línea de 45°, la altura real de 2,50 m del vano del local, y se obtiene la medida de la proyección para 60° de altura de los rayos solares, medida que está determinada por el segmento $\overline{ad}$.

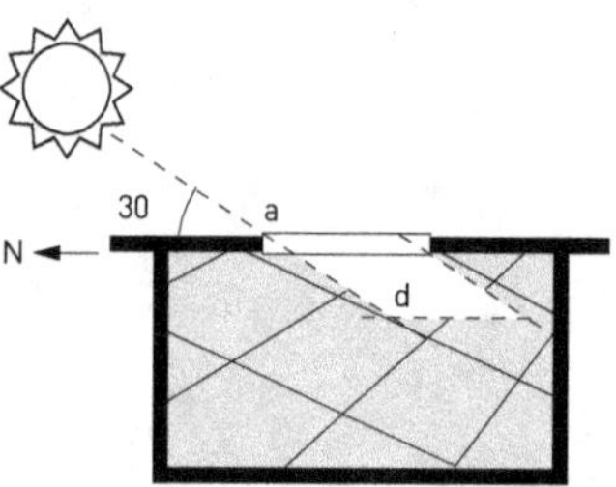

Si en igual escala a la adoptada sobre la línea de 45°, o en proporción respecto del segmento obtenido, se dibuja la planta del local de referencia, se obtendrá la gráfica de la figura que muestra en blanco la mancha de luz solar correspondiente al ejemplo que se está presentando (el segmento $\overline{ad}$ es la medida en escala obtenida del ábaco anterior).

Obsérvese también la orientación del vano, ya que si el local estuviera orientado hacia otra dirección, la incidencia de rayos de luz no cambiaría, pero sí la entrada de luz solar al recinto. Si el vano estuviera orientado al sur o al oeste, en la hora y día establecidos para el ejemplo, carecería de entrada de luz del sol.

El ángulo de 30° indicado en planta respecto de la dirección norte es el azimut que antes se había calculado, e indica que se está en horas de la mañana, ya que el sol todavía se encuentra al este de la posición del mediodía (norte solar).

4) Establecer las dimensiones, los ángulos y la superficie de un terreno cuadrangular, pero que no posee ningún ángulo recto y del que se dan solo los datos necesarios para establecer las incógnitas señaladas.

El gráfico corresponde a la planta del terreno, y básicamente se pide completar sus dimensiones, ángulo α y calcular su superficie total mediante operaciones trigonométricas.

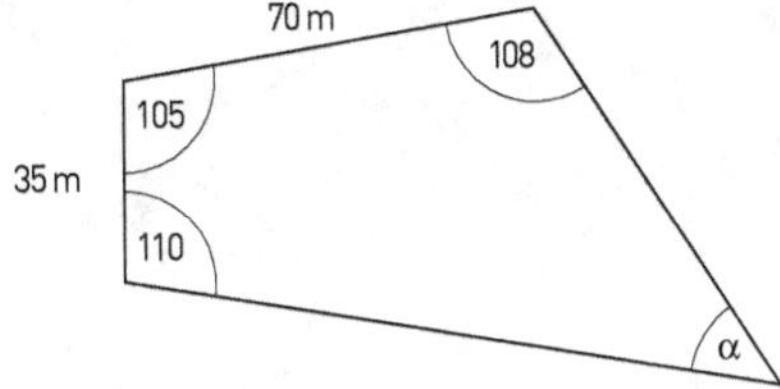

Si fuera posible medir todos sus ángulos y lados se contaría con mayores datos, pero estos pueden ser contradictorios por errores de medición.

Por ejemplo, siendo un cuadrilátero, al medir 3 de sus ángulos surge el valor del cuarto por la propiedad de que la suma de los ángulos interiores es igual a 360°.

Pero, qué debería hacerse, si de la medición resultara que los ángulos tienen los valores:

$\alpha = 105°$
$\beta = 108°$
$\gamma = 110°$
$\delta = 38° 57'$

La suma de ellos da 360° 57', lo cual contradice conceptos geométricos. En ese caso, debe dividirse la diferencia en 4 (cantidad de ángulos) y repartirse en forma proporcional. Así resulta un exceso de 1° 57' que, distribuido proporcionalmente, se descuenta y da como resultado corregido:

$\alpha = 104° 36'$
$\beta = 107° 36'$
$\gamma = 110° 36'$
$\delta = 38° 12'$

Si el resultado de las mediciones diera un valor por defecto (en menos), se procede en forma equivalente sumando las diferencias proporcionales.

A continuación se verán los cálculos conducentes a determinar las dimensiones de los lados, ángulos y superficie del ejemplo dado.

Por suma de los ángulos interiores de un cuadrilátero es:

$\alpha = 360° - (105° + 108° + 110°) = 37°$

Si ahora se triangula el cuadrilátero para su análisis, se tiene el siguiente esquema:

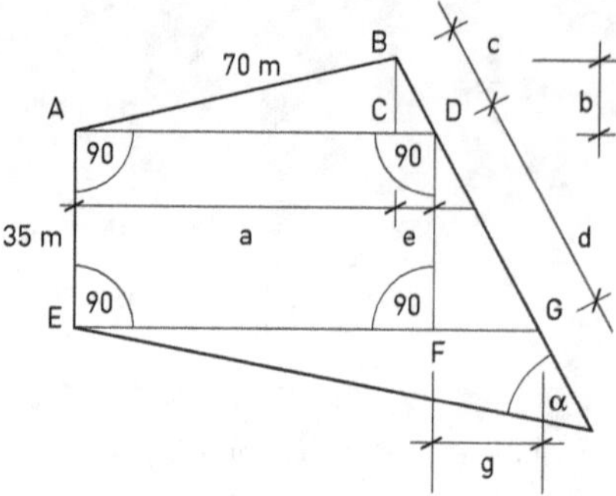

Y con los puntos de referencia, se pueden inferir los siguientes valores:

$$\cos 15° = \frac{a}{70m} \text{ por tanto } a = 67,61 \text{ m}$$

$$\sen 15° = \frac{b}{70m} \text{ por tanto } b = 18,12 \text{ m}$$

$$\cos 33° = \frac{b}{c} \text{ por tanto } c = 21,60 \text{ m}$$

$$\cos 33° = \frac{35m}{d} \text{ por tanto } d = 41,73 \text{ m}$$

$$\sen 33° = \frac{e}{c} \text{ por tanto } e = 11,76 \text{ m}$$

$$\sen 33° = \frac{g}{d} \text{ por tanto } g = 22,73 \text{ m}$$

Resultan, entonces:

$a + e = 79,37$ m
$a + e + g = 102,10$ m

Ahora hay que analizar el triángulo $\overset{\triangle}{EGH}$ donde:

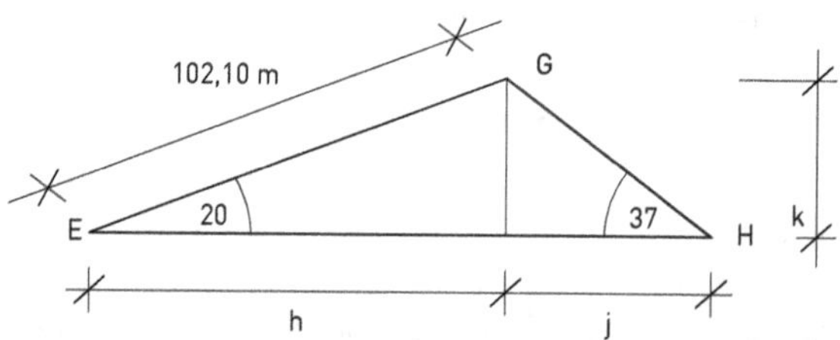

$$\cos 20^\circ = \frac{h}{102{,}10 \text{ m}} \quad \text{por tanto Eh} = 95{,}94 \text{ m}$$

$$\text{sen } 20^\circ = \frac{k}{102{,}10 \text{ m}} \quad \text{por tanto Ek} = 34{,}92 \text{ m}$$

$$\text{sen } 20^\circ = \frac{j}{k} \quad \text{por tanto Ej} = 27{,}89 \text{ m}$$

A partir de los datos obtenidos y la conocida fórmula de la superficie de un triángulo[5], se obtienen las siguientes áreas parciales y, sumando, la superficie total del terreno.

Superficie EGH	=	2162,07 m^2
Superficie ADFE	=	2777,95 m^2
Superficie ABD	=	719,09 m^2
Superficie DFG	=	397,77 m^2
Superficie total	=	6056,88 m^2

La resolución del triángulo $\overset{\triangle}{EGH}$ es la que se realizó en el ejemplo anterior referido al punto inaccesible, como equivalente en cuanto a los cálculos necesarios para su resolución. Se sugiere al lector completar el ejercicio como práctica del tema.

---

[5] Superficie de un triángulo = $\dfrac{\text{base} \times \text{altura}}{2}$

Apéndice

Tabla de derivadas

función $f(x)$	derivada $f'(x)$
k	0
x	1
x^n	$n\, x^{n-1}$
$k\, f(x)$	$k\, f'(x)$
$f(x) \pm g(x)$	$f'(x) \pm g'(x)$
$f(x)\, g(x)$	$f'(x)\, g(x) + f(x)\, g'(x)$
$\dfrac{f(x)}{g(x)}$	$\dfrac{f'(x)\, g(x) - f(x)\, g'(x)}{g^2(x)}$
$\log_a x$	$\dfrac{0{,}43}{x}$
$\ln x$	$\dfrac{1}{x}$
e^x	e^x
k^x	$k^x \ln k$
sen x	cos x
cos x	$-$ sen x
tg x	$\sec^2 x$
cotg x	$-\csc^2 x$
sec x	sen $x \sec^2 x$
cosec x	$-$ cos $x \csc^2 x$

k = constante
n = número real

Tabla de conversión de unidades de medida

Unidad de medida	Equivale a

Longitud

Unidad de medida	Equivale a
Amstrong (A)	1 diez millonésimo de mm
micrón (m)	1 milésimo de mm
milímetro (mm)	0,0394 pulgada
centímetro (cm)	0,3937 pulgada
decímetro (dm)	3,937 pulgadas = 0,328 pie
metro (m) (usi)	3,28 pies = 1,093 yardas
kilómetro (km)	1093,6 yardas = 0,62 milla
pulgada (inch, in)	25,4 mm
pie (feet, ft)	12 pulgadas = 30,5 cm
yarda (yd)	3 pies = 91,4 cm
milla (ml, o M)	1609 m

Superficie

Unidad de medida	Equivale a
milímetro cuadrado (mm^2)	0,0015 pulgada cuadrada
centímetro cuadrado (cm^2)	0,155 pulgada cuadrada
decímetro cuadrado (dm^2)	15,5 pulgada cuadrada = 0,107 pie^2
metro cuadrado (m^2)	10,75 pie^2
pulgada cuadrada (square inch, squin)	6,45 cm^2
pie cuadrado (square feet, sqft)	9,29 dm^2
yarda cuadrada (square yard, sqyd)	0,83 m^2

Volumen

Unidad de medida	Equivale a
centímetro cúbico (cm^3)	0,06 pulgada cúbica
decímetro cúbico (dm^3)	61 pulgada cuadrada
metro cúbico (m^3)	35,31 pies cúbicos
pulgada cúbica (cubic inch, cuin)	16,4 cm^3
pie cúbico (cubic feet, cuft)	28,32 dm^3
galón (inglés)	4,55 dm^3
pinta	0,57 dm^3
quart	1,136 dm^3
galón (americano)	3,79 dm^3

Tabla de distribución normal

Z	0,01	0,02	0,03	0,04	0,05	0,06	0,07	0,08	0,09
0,0	0,5040	0,5080	0,5120	0,5160	0,5199	0,5239	0,5279	0,5319	0,5359
0,1	0,5438	0,5478	0,5517	0,5557	0,5596	0,5636	0,5675	0,5714	0,5753
0,2	0,5832	0,5871	0,5910	0,5948	0,5987	0,6026	0,6064	0,6103	0,6141
0,3	0,6217	0,6255	0,6293	0,6331	0,6368	0,6406	0,6443	0,6480	0,6517
0,4	0,6591	0,6628	0,6664	0,6700	0,6736	0,6772	0,6808	0,6844	0,6879
0,5	0,6950	0,6985	0,7019	0,7054	0,7088	0,7123	0,7157	0,7190	0,7224
0,6	0,7291	0,7324	0,7357	0,7389	0,7422	0,7454	0,7486	0,7517	0,7549
0,7	0,7611	0,7642	0,7673	0,7704	0,7734	0,7764	0,7794	0,7823	0,7852
0,8	0,7910	0,7939	0,7967	0,7995	0,8023	0,8051	0,8078	0,8106	0,8133
0,9	0,8186	0,8212	0,8238	0,8264	0,8289	0,8315	0,8340	0,8365	0,8389
1,0	0,8438	0,8461	0,8485	0,8508	0,8531	0,8554	0,8577	0,8599	0,8621
1,1	0,8665	0,8686	0,8708	0,8729	0,8749	0,8770	0,8790	0,8810	0,8830
1,2	0,8869	0,8888	0,8907	0,8925	0,8944	0,8962	0,8980	0,8997	0,9015
1,3	0,9049	0,9066	0,9082	0,9099	0,9115	0,9131	0,9147	0,9162	0,9177
1,4	0,9207	0,9222	0,9236	0,9251	0,9265	0,9279	0,9292	0,9306	0,9319
1,5	0,9345	0,9357	0,9370	0,9382	0,9394	0,9406	0,9418	0,9429	0,9441
1,6	0,9463	0,9474	0,9484	0,9495	0,9505	0,9515	0,9525	0,9535	0,9545
1,7	0,9564	0,9573	0,9582	0,9591	0,9599	0,9608	0,9616	0,9625	0,9633
1,8	0,9649	0,9656	0,9664	0,9671	0,9678	0,9686	0,9693	0,9699	0,9706
1,9	0,9719	0,9726	0,9732	0,9738	0,9744	0,9750	0,9756	0,9761	0,9767
2,0	0,9778	0,9783	0,9788	0,9793	0,9798	0,9803	0,9808	0,9812	0,9817
2,1	0,9826	0,9830	0,9834	0,9838	0,9842	0,9846	0,9850	0,9854	0,9857
2,2	0,9864	0,9868	0,9871	0,9875	0,9878	0,9881	0,9884	0,9887	0,9890
2,3	0,9896	0,9898	0,9901	0,9904	0,9906	0,9909	0,9911	0,9913	0,9916
2,4	0,9920	0,9922	0,9925	0,9927	0,9929	0,9931	0,9932	0,9934	0,9936
2,5	0,9940	0,9941	0,9943	0,9945	0,9946	0,9948	0,9949	0,9951	0,9952
2,6	0,9955	0,9956	0,9957	0,9959	0,9960	0,9961	0,9962	0,9963	0,9964
2,7	0,9966	0,9967	0,9968	0,9969	0,9970	0,9971	0,9972	0,9973	0,9974
2,8	0,9975	0,9976	0,9977	0,9977	0,9978	0,9979	0,9979	0,9980	0,9981
2,9	0,9982	0,9982	0,9983	0,9984	0,9984	0,9985	0,9985	0,9986	0,9986
3,0	0,9987	0,9987	0,9988	0,9988	0,9989	0,9989	0,9989	0,9990	0,9990
3,1	0,9991	0,9991	0,9991	0,9992	0,9992	0,9992	0,9992	0,9993	0,9993
3,2	0,9993	0,9994	0,9994	0,9994	0,9994	0,9994	0,9995	0,9995	0,9995
3,3	0,9995	0,9995	0,9996	0,9996	0,9996	0,9996	0,9996	0,9996	0,9997
3,4	0,9997	0,9997	0,9997	0,9997	0,9997	0,9997	0,9997	0,9997	0,9998
3,5	0,9998	0,9998	0,9998	0,9998	0,9998	0,9998	0,9998	0,9998	0,9998
3,6	0,9998	0,9999	0,9999	0,9999	0,9999	0,9999	0,9999	0,9999	0,9999
3,7	0,9999	0,9999	0,9999	0,9999	0,9999	0,9999	0,9999	0,9999	0,9999
3,8	0,9999	0,9999	0,9999	0,9999	0,9999	0,9999	0,9999	0,9999	0,9999

Bibliografía

- **Alsina, Claudi y Enric Trillas** (1984): *Lecciones de Álgebra y Geometría*, Barcelona, Gustavo Gili.

- **Alsina, Claudi, Rafael Pérez y Ceferino Ruiz** (1989): *Simetría dinámica*, Madrid, Síntesis.

- **Ballesteros Tena, Nabor** (1984): *Topografía*, México, Limusa.

- **Berge, Claude** (1970): *Teoría de las redes y sus aplicaciones*, México, Compañía Editorial Continental.

- **Betancourt Arce, Roberto** (1985): *Topografía General*, México, Compañía Editorial Continental.

- **Blackwell, William** (1984): *Geometry in Architecture*, Emeryville, Key Curriculum Press.

- **Blanco Martín, María Francisca** (1994): *Movimientos y simetrías*, Valladolid, Universidad de Valladolid.

- **Courant, Richard y Herbert Robbins** (1955): *¿Qué es la matemática?*, Madrid, Aguilar.

- **Chueca Pazos, Manuel** (1982): *Topografía* (Tomo 1, Topografía Clásica), Madrid, Dossat.

- **De Leeuw, Karel** (1972): *Calculus*, Buenos Aires, Eudeba.

- **Domínguez García Tejero**, Francisco (1974): *Topografía General y Aplicada*, Madrid, Dossat.

- **Gardener, Martín** (1986): *Miscelánea Matemática*, Barcelona, Salvat.

- **Ghyka, Matila** (1978): *El Número de Oro*, Barcelona, Poseidón.

- **Hargittai, Istvan y Magdolna** (1994): *Symetry - A Unify Concept*, Bolinas, Shelter.

- **Hilbert, David y S. Cohn-Vossen** (1952): *Geometry and the Imagination*, Nueva York, Chelsea.

- **Instituto Nacional de Tecnología Industrial (INTI)** (1981): *Sistema Métrico Legal Argentino* (SIMELA), Buenos Aires.

• **Jordan, W.** (1978): *Tratado General de Topografía*, Barcelona, Gustavo Gili.

• **Kasner, Edward y James Newman** (1972): *Matemáticas e imaginación*, México, Compañía Editorial Continental.

• **Kaufmann, A. y M. Precigout** (1970): *Curso de matemáticas nuevas*, México, Compañía Editorial Continental.

• **Muller, Roberto** (1946): *Compendio General de Topografía*, Buenos Aires, El Ateneo.

• **Nicolini, Ángeles, Graciela Santa María y Susana Vasino** (1998): *Matemática para Arquitectura y Diseño*, Buenos Aires, Nueva Librería.

• **Nottoli, Hernán** (1997): *Grafos. Aplicaciones a la arquitectura y el diseño*, Buenos Aires, Editorial de Belgrano.

• **Quaroni, Ludovico** (1980): "La geometría de la arquitectura, lección sexta", en *Proyectar un edificio. Ocho lecciones de arquitectura*, Madrid, Xarait.

• **Spinadel, Vera** (1983-1984): *Cálculo 1. Suplemento al cálculo 1*, Buenos Aires, Nueva Librería.
— (2004): *Del número de oro al caos*, Buenos Aires, Nobuko.

• **Toranzos, Fausto** (1976): Introducción a la teoría de grafos, Monografía N° 15, OEA.

• **Torres Nieto, Álvaro y Eduardo Villate Bonilla** (2000): *Topografía*, Bogotá, Prentice Hall-Pearson Educación.

• **Trejo, César A.** (1961): *Matemática general* (Tomos 1 y 2), Buenos Aires, Kapelusz.

• **Weyl, André** (1985): *La Simetría*, Buenos Aires, Nueva Visión.

• **Williams, Robert** (1979): *The Geometrical Foundation of Natural Structure*, Nueva York, Dover.

• **Wolf, K. y D. Khun** (1957): *Forma y Simetría*, Buenos Aires, Eudeba.

Acerca de los autores

VERA MARTHA WINITZKY DE SPINADEL es doctora en Ciencias Matemáticas por la Universidad de Buenos Aires (UBA). Es profesora titular consulta con dedicación exclusiva en la Facultad de Arquitectura, Diseño y Urbanismo (FADU) de la UBA.
Es directora de varias tesis de doctorado en la FADU - UBA, y en la Facultad de Arquitectura y Urbanismo de la Universidad Nacional de Rosario.
Dirige el Centro de Matemática y Diseño (MAyDI) y preside la International Mathematics & Design Association, con sede en Buenos Aires. Pertenece a varios comités científicos editoriales de distintos países; ha organizado y participa en todas las ediciones de la Conferencia Internacional de Matemática y Diseño, desde su creación en 1995.
Los resultados de sus investigaciones han sido publicados en revistas internacionales especializadas. Es autora de varios libros de texto universitarios y de *Geometría fractal*, en colaboración con Jorge G. Perera y Jorge H. Perera (Nueva Librería, 2007), y *Del número de oro al caos* (Nobuko, 2004).

HERNÁN S. NOTTOLI es arquitecto y Doctor en Arquitectura por la Universidad de Buenos Aires. Ha sido Director del Área de Tecnología en la Facultad de Arquitectura, Diseño y Urbanismo (FADU) de la UBA. Es profesor titular de las cátedras "Construcciones I, II y III" y "Matemática II" de la FADU - UBA.
Es investigador acreditado en la UBA, a cargo de la dirección de proyectos vinculados al área tecnológica.
Además de participar activamente en la política universitaria, ha desarrollado una amplia labor profesional como proyectista, director de obra y constructor, en el país y en el exterior.
Es autor de varios libros, y artículos referidos a su especialidad, publicados en el país y en el exterior, y ha participado en numerosos congresos y reuniones científicas internacionales.